D/2019/45/442 – ISBN 978 94 014 6378 2 – NUR 800

Vormgeving omslag: Keppie & Keppie
Vormgeving binnenwerk: Keppie & Keppie

Redactiecomité: Danny Van Assche, Philip Van Eeckhoute, Jeroen Langerock, Annemie Lemahieu, Bénédicte Van Paeschen, Michiel Verhamme, Tina Janssens.

Uitgeverij LannooCampus maakt deel uit van Lannoo Uitgeverij, de boeken- en multimediadivisie van Uitgeverij Lannoo nv.

Uitgeverij LannooCampus
Vaartkom 41 bus 01.02
3000 Leuven
België
www.lannoocampus.be

Postbus 23202
1100 DS Amsterdam
Nederland
www.lannoocampus.nl

Philip Van Eeckhoute
& Danny Van Assche (reds.)

TRENDWIJZER VOOR ONDERNEMERS

EEN INSPIREREND PRAKTIJKBOEK OM MET JOUW ZAAK FUTUREPROOF TE ZIJN

Lannoo Campus

INHOUD

VOORWOORD

Hoe zal de wereld eruitzien over tien, twintig, dertig jaar? Hoe ziet je leven er dan uit? En je onderneming? Zullen we nog zakendoen zoals we het gewend waren? Zal de fysieke winkel nog bestaan? Doen robots dan al het werk? Betalen we dan nog met een bankkaart? Zoeven we dan over de snelweg in een zelfrijdende auto? Krijgen we nog meer pandemieën? Zullen duurzame initiatieven onze planeet kunnen redden?

De wereld draait razendsnel. Nieuwe ontwikkelingen, evoluties, inzichten: ze volgen elkaar op in een hels tempo. En de coronacrisis deed het allemaal nóg sneller gaan. Het lijkt wel alsof we in een andere wereld leven. Opeens doen we zaken achter plexiglas en met een mondmasker aan, werken we massaal thuis en leven we in een anderhalvemeter-economie.

De coronacrisis heeft ook een zware impact op de economie wereldwijd. Ondernemers hebben het zwaar. Maar ze rechten ook hun rug. In crisisperiodes zijn ondernemers nóg creatiever en inventiever dan anders en gooien ze zelfs helemaal het roer om. Want hun business is hun baby. Die laten ze niet kleinkrijgen door een virus.

Wat de toekomst voor jou als ondernemer brengt, daarover kun je fantaseren. Je kunt droom- of doemscenario's bedenken. Maar dat helpt je niet vooruit. Veel beter is het om de toekomst te voorspellen. Daarvoor hoef je geen workshop te volgen bij Madame Soleil. De toekomst voorspellen, leer je door goed te kijken naar vandaag.

Als je goed kijkt, neem je nu al trends waar. Kleine rimpels op het wateroppervlak zijn ze nu nog. Maar straks zijn ze grote, krachtige golven, waar niemand nog kan naast kijken. Voor jou als ondernemer is het belangrijk dat je die eerste rimpels op het water ziet. Dan ben je voorbereid op wat de toekomst brengt, en ben je een stap voor op concurrenten die ze niet hebben gezien. Deze trendwijzer helpt je daarbij.

In het eerste deel leggen we veertien megatrends uit. Volgens het vermaarde Copenhagen Institute of Future Studies in Denemarken zullen deze megatrends mee de wereld sturen in de komende tien, twintig, dertig jaar.

De trends die een invloed hebben op de wereld van de ondernemer in Vlaanderen en Brussel, lichten we toe in het tweede deel. Elke trend is een opportuniteit, een kans voor jou als ondernemer! We laten een heleboel collega-ondernemers aan het woord die op een creatieve manier omgaan met de uitdagingen van vandaag. Zo zijn ze klaar voor morgen.

We hopen dat deze ondernemers ook jou inspireren. Dankzij hun inzichten, ben ook jij straks helemaal klaar voor het ondernemerschap van morgen!

Philip Van Eeckhoute
Danny Van Assche

DEEL 1
VEERTIEN MEGATRENDS

In dit deel stellen we je **veertien megatrends** voor die de samenleving de komende tien tot dertig jaar zullen bepalen. Deze trends zijn gedefinieerd door het Copenhagen Institute of Future Studies in Denemarken.

Maar eerst leggen we uit wat dat is, een trend. We sommen op welke soorten trends er zijn en waarom het herkennen van trends zo belangrijk is voor ondernemers.

WAT IS EEN TREND?

Eén universeel geldende, altijd toepasbare definitie voor een trend is er niet echt. Maar voor dit boek hanteren we deze:

> *'Een trend is een ontwikkeling op langere termijn, in een bepaalde richting.'*

Trends komen voor in alle markten, sectoren en maatschappijen: van modetrends tot economische trends en technologische trends. Ze gaan niet alleen over de nieuwste snufjes. Ook nieuwe behoeftes, filosofieën of veranderingen in onze normen en waarden noemen we trends. Trends zijn er in allerlei soorten en maten.[1]

WELKE TRENDS ZIJN ER?

We onderscheiden drie soorten trends: micro-, macro- en megatrends.

De **microtrend** duurt gemiddeld **een tot vijf jaar** en draait om een **product**. Crocs, bijvoorbeeld. Of Facebook. Microtrends vervelen snel. Maar toch zal het product nog een tijdje op de markt blijven, ook al is de trend voorbij. Je vindt bijvoorbeeld nog steeds Crocs in de winkel.
En Facebook blijft belangrijk, maar een trend is het niet meer.
Een rage of een hype is ook een trend, maar is nog van veel kortere duur dan een microtrend. Zo waren spinners een tijdlang een rage, maar nu moet je al flink zoeken om een winkel te vinden die ze verkoopt.

In een **maxitrend**, die minstens **vijf tot tien jaar** aanhoudt, staat de **consument** centraal. Die vindt bijvoorbeeld digitale huisdiertjes leuk, of heeft behoefte aan sociale media (= de maxitrend). De microtrends vullen de macrotrends in: met Tamagotchi of Furby bijvoorbeeld, en Facebook.

De **megatrend** duurt zo'n **tien à dertig jaar** en heeft impact op een hele **maatschappij**. Voorbeelden van megatrends zijn globalisering, duurzaamheid en individualisering. Megatrends vormen vaak de voedingsbodem voor maxitrends, want een veranderende maatschappij creëert ook nieuwe consumentenbehoeften.
Megatrends laten dus sporen na in de maatschappij. Ze veranderen langzaam het normen- en waardepatroon van onze samenleving. De megatrend heeft impact op iedereen, van oud tot jong en van arm tot rijk. Iedereen moet bijvoorbeeld mee met de digitalisering. Aan een megatrend ontkomt (bijna) niemand.[2]

WAAROM ZIJN TRENDS BELANGRIJK VOOR ONDERNEMERS?

Als je een ondernemer bent die microtrends herkent en inschat, dan helpt dat je bij het in de markt zetten van winstgevende producten. Maar het is even belangrijk om te herkennen wanneer een trend op zijn retour is. Als de microtrend van Crocs afneemt, is het niet zo slim om er nog een flinke stock van in te slaan.

Heb je een goed zicht op maxitrends, dan weet je welke consumentenbehoeften er zijn. Dat helpt je bij het ontwerpen van nieuwe producten en diensten. Het helpt om ook je marketing af te stemmen op de heersende maxitrend: benoem de behoefte waar jouw product of dienst een antwoord op biedt. De ondernemer die de megatrends herkent, heeft ongeveer een beeld van waar de maatschappij over tien, twintig, dertig jaar staat. Dat geeft hem een forse voorsprong op de concurrentie. Daarom zien we de meest succesvolle ondernemers uit de recente geschiedenis eerder als innovators of visionairs dan zakenlui.[3]

Volgens het Copenhagen Institute of Future Studies in Denemarken komen er veertien megatrends op ons af. We lichten ze toe en leggen uit wat ze zoal betekenen voor jou als ondernemer.

1 HET INDIVIDU VOOROP

In een doorgedrongen individualisering staat de mens *als individu* in de samenleving, en niet als *lid van een groep*. De trend is al aan de gang sinds het begin van de industrialisatie. Vóór de industrialisatie, die ons comfort en welvaart bracht, hadden we de groep nodig om te overleven: onze familie, de dorpsgemeenschap, de kerk, de sociale klasse: ze bepaalden ons hele doen en laten, van in de wieg tot in de kist.

Vandaag hebben we de groep minder nodig om te overleven. We redden ons zo ook wel. We zijn zelfstandig, we bepalen zelf. We nemen onze eigen beslissingen, kiezen onze eigen normen en waarden. We nemen onze verantwoordelijkheid. Dat uit zich onder meer in meer eenoudergezinnen, bijvoorbeeld. Of in de groeiende DIY-economie: *do it yourself*, want wat je zelf doet, is origineler, goedkoper én leuker. We stellen zelf onze droomreis samen op het internet, we verkopen ons huis zelf wel, zonder makelaar. We zitten op deel-, klus- en tweedehandsplatformen. We maken gebruik van diensten wanneer het ons uitkomt, we hebben toegang tot een constante stroom aan informatie en weten precies wat we moeten doen om zelf iets voor elkaar te krijgen.[4]

We laten ons niet betuttelen door de samenleving of door de groep. We behoren niet tot één bepaalde beweging of stroming, we mixen en matchen ons leven zelf in elkaar. We zijn origineel en uniek. We weten wat we willen, en daarom verlangen we meer naar gepersonaliseerde producten en diensten die voldoen aan onze individuele behoeften en interesses.

WAT BETEKENT DEZE TREND ZOAL VOOR ONDERNEMERS?

Klanten hebben graag het gevoel dat producten speciaal voor hen zijn gemaakt. Ze houden van spullen die ze kunnen (laten) personaliseren; sneakers bijvoorbeeld. Maar ook op hr-vlak is lang niet meer één aanpak goed voor alle personeelsleden. Ook hier is maatwerk aan de orde. Soms moet je aan jobcrafting of jobdesign doen, wil je je medewerkers aan boord houden. En terwijl de ene medewerker graag een elektrische leasefiets wil, wil de andere graag een treinabonnement ...

2 NETWERKSAMENLEVING

Sociale netwerken worden steeds belangrijker in onze samenleving. Vroeger was de maatschappij verticaal georganiseerd. Van boven naar beneden, als een toren. Vaak ook letterlijk: de baas had zijn kantoor op de bovenste verdieping. Centraal gestuurde systemen en grote hiërarchische organisaties zwaaiden de scepter. Intussen is een horizontale beweging ontstaan, een beweging die de zaken van onderuit verandert. De samenleving gebaseerd op structuren, heeft afgedaan. De overheid wordt beschouwd als een bureaucratisch, log, inefficiënt en dus overbodig systeem. Grootbanken en multinationals moeten eraan geloven. Want hoe langer hoe meer vinden mensen dat ze niet ten dienste staan van hun klant: de burger.

We komen tot een maatschappij die vertrekt vanuit de mens zelf. We zijn individuen die tegelijkertijd consument en producent zijn, en geen gezag meer verdragen. We functioneren in een sociaal netwerk: vandaag is hiërarchie niet meer in tel, wél de kwaliteit van onze onderlinge relaties. We werken samen met gelijkgestemde zielen in een coworkingruimte, we wonen samen met gelijkgestemde zielen in een cohousingproject. We rekenen niet meer op de overheid om de files op te lossen. We rekenen niet meer op het openbaar vervoer om ons te brengen waar we moeten zijn. We raken er zelf wel. Met de deelauto, bijvoorbeeld.

Technologische ontwikkelingen geven deze omwenteling vorm: met onze smartphones zitten we voortdurend op sociale media, *smart grids* zorgen voor een elektriciteitsnetwerk dat alle producenten en consumenten verbindt om stroom op een slimme manier uit te wisselen.[5]

WAT BETEKENT DEZE TREND ZOAL VOOR ONDERNEMERS?

Je onderneming is geen gesloten gemeenschap. De mensen die er werken, maken deel uit van een netwerk waarin ook je bedrijf aandacht krijgt. Je werknemers zijn je beste ambassadeurs, tenminste: als hun *employee experience* positief is! Je bedrijf promoten? Dat doe je door de socialemediakanalen te bespelen, recht op je doelgroep af. En ook in kleinere bedrijven heeft de verticale structuur afgedaan. We gaan naar platte structuren, waar werknemers meer autonomie en verantwoordelijkheid krijgen.

3 POWER TO THE PEOPLE

De democratiseringstrend gaat hand in hand met het verlangen naar meer transparantie. Door de toenemende technologische ontwikkelingen, de digitalisering, connectiviteit, de eindeloze keuzemogelijkheden en de vrij toegankelijke informatie is 'totale transparantie' bijna vanzelfsprekend geworden. Geheimen lijken niet meer te bestaan. Zowel voor individuen, overheden als organisaties.[6]

We leven in een samenleving waar het vertrouwen in de gevestigde orde - organisatie, overheid, instituut, grote bedrijven - laag is. Omdat de consument op het internet alle info vindt die hij nodig heeft, is hij minder afhankelijk van hen. *Personal empowerment* is een subtrend van deze megatrend. De consument pikt de arrogantie en de betutteling van organisaties en overheden niet meer. Hij verwacht dat ze toegankelijk en transparant zijn, oprecht en authentiek. Ze moeten open zijn over het beleid van de organisatie, de *pricing* van hun producten, de gebruikte grondstoffen, de omgang met medewerkers, de cultuur, de winst ...

Met pr-stunts en gekleurde informatie de vuile was binnenhouden, lukt niet meer. Daar steken de nieuwe media wel een stokje voor. Zij geven het volk een stem die sterker wordt dan de macht van het geld: *power to the people* dus.

WAT BETEKENT DEZE TREND ZOAL VOOR ONDERNEMERS?

Werknemers verwachten dat je open en duidelijk communiceert over hoe het met het bedrijf gaat: de resultaten, de toekomstplannen ... Zo'n duidelijke communicatie creëert verbondenheid tussen je onderneming en je medewerkers, waardoor ze minder snel geneigd zijn om andere oorden op te zoeken. Ook consumenten verwachten openheid en duidelijkheid van de handelaar die hen producten of diensten verkoopt. Speel daarop in en geef hen relevante informatie via je website, je webshop, sociale media en nieuwe technologieën zoals mobiele apps.

4 FOCUS OP GEZONDHEID

In de gezondheidssector wordt verwacht dat we de grootste veranderingen zullen zien. Iedereen is in de ban van welzijn, een gezond lichaam en een gezonde geest. Slimme technologieën houden een vinger aan de pols: een app telt onze stappen, calorieën en kilo's en registreert of we wel genoeg slapen en water drinken.

Omdat we langer leven en gezond willen blijven, stijgen ook de kosten van de gezondheidszorg. Steeds meer evolueren we naar proactieve geneeskunde: via e-health - een project van de federale overheid - worden onze medische gegevens bijgehouden en gedeeld met ziekenhuizen, specialisten en uitkerende instanties. Uiteraard moeten ze rekening houden met de privacyregels. E-health moet de gezondheidszorg effectiever, efficiënter en dus goedkoper maken.

Dankzij digitalisering en nieuwe technologieën zullen de geneeskunde en gezondheidszorg grote sprongen vooruit maken. Telegeneeskunde raakt ingeburgerd: de patiënt wordt thuis opgevolgd. Hij stuurt zijn medische parameters zelf door en moet zich dus veel minder verplaatsen. Maar de grote technologische veranderingen leiden ook tot nieuwe ethische vraagstukken. Die moeten de komende decennia een antwoord krijgen.

WAT BETEKENT DEZE TREND ZOAL VOOR ONDERNEMERS?

Als ondernemer moet je aandacht hebben voor het welzijn van je medewerkers. Ze hebben recht op werkbaar werk: werk waarvan ze niet overspannen of ziek worden, dat boeiend en motiverend is, dat voldoende kansen biedt om bij te blijven en te leren én voldoende ruimte laat om werk en privéleven te combineren.[7] Maar dat geldt ook voor jou als ondernemer! Jij moet zélf opletten dat je niet in het rood gaat, in al je enthousiasme en bevlogenheid. Want burn-out is heus niet iets wat alleen werknemers overkomt.

5 WIJ VERSUS ZIJ

Een verdere polarisering zorgt voor een steeds groter wordende kloof tussen extremen. Het is een *proces* van verwijdering tussen (groepen van) mensen. Het gaat goed met de economie en de technologische ontwikkelingen volgen elkaar op. Maar niet iedereen profiteert daarvan. Door de robotisering verdwijnen de jobs van de middenklasse. De kloof tussen laagopgeleiden en hoogopgeleiden groeit. De kloof tussen lage inkomens en hoge inkomens ook.

Die kloof zal leiden tot een tweedeling in de maatschappij. Tussen zij die met alles mee zijn, die alle kansen krijgen, het goed hebben, een rooskleurige toekomst voor hun kinderen zien, en zij die onzeker zijn over hun eigen ontplooiingsmogelijkheden, de toenemende complexiteit van de maatschappij. Zij maken zich zorgen over de toekomst van hun kinderen en wantrouwen de andere groep. We zagen het al in de betogingen van de gele hesjes in 2018.

Polarisering is ook een *communicatieve actie*, waarbij verschillen worden aangescherpt. Ze wordt gevoed in 'alles of niets'-keuzes over de brexit, bijvoorbeeld. En in 'voor of tegen'-meningen op sociale media. Er is geen ruimte voor nuance of voor onderhandeling. De toon is fel en de aanvallen zijn persoonlijk. Polarisatie leidt tot een wij-kamp en een zij-kamp. Polarisatie kan gevaarlijk zijn. Als het wij-kamp het zij-kamp gaat stigmatiseren, en het de schuld geeft van wat het vindt dat allemaal verkeerd loopt. Als het wij-kamp vindt dat het zijn eigen belangen moet verdedigen tegen het zij-kamp. Dat soort polarisatie ontwricht de maatschappij.

WAT BETEKENT DEZE TREND ZOAL VOOR ONDERNEMERS?

Als ondernemer moet je keuzes maken. Je kunt niet alles aanbieden voor iedereen. Het is óf het een, óf het ander. Je onderscheiden van de concurrentie: daar gaat het om. Je kunt je specialiseren in een beperkt gamma of een bepaalde dienstverlening. Je kunt ook een expert worden in een niche of een vakgebied, of je kunt je richten tot een beperkte doelgroep.

6 EIGENWAARDEN BOVEN MATERIALISME

Immaterialisatie wint aan belang. Het betekent back to basics, weer naar de essentie. Ontspullen, consuminderen en minimaliseren zijn daarbij de toverwoorden. Dat duidt echter niet op het definitieve einde van de consumptiemaatschappij. Het is eerder een zoektocht naar immaterieel welzijn.[8] Pure economische waarden zoals consumeren en winst maken ruimen plaats voor individuele waarden als autonomie, authenticiteit en ervaringen. We hebben meer dan ons hartje begeert, we willen nu investeren in levenskwaliteit en zingeving.

De betekeniseconomie is een belangrijke subtrend van immaterialisatie. Het is een economie die draait om de behoefte van de mens aan zin en betekenis. Bedrijven willen meer dan alleen winst maken. Ze willen bijdragen aan een betere wereld. Werknemers zoeken in hun job méér dan een goed salaris en een glimmende bedrijfswagen. Ze willen zinvol werk doen, werk dat bijdraagt tot hun zelfontplooiing en sociale relaties. Consumenten kopen 'bewust' en willen weten waar hun spullen vandaan komen en hoe ze gemaakt zijn.

WAT BETEKENT DEZE TREND ZOAL VOOR ONDERNEMERS?

Consumenten zijn meer geïnteresseerd in het gebruik van producten dan in het bezit ervan. Ze kopen bijvoorbeeld geen auto meer, maar gebruiken er een van een deelplatform. Ze kopen misschien geen dure designertas meer, maar huren er een voor een avondje uit.

Werknemers willen niet zomaar een baan met een mooi salaris. Ze willen zinvol werk doen, waarbij ze als persoon kunnen groeien. Bovendien willen ze ook tijd hebben voor zaken die er écht toe doen: hun gezondheid en hun gezin, bijvoorbeeld.

Consumenten kopen 'bewust' en willen weten waar hun spullen vandaan komen en hoe ze gemaakt zijn.

7 GRENZEN AAN DE ECONOMISCHE GROEI

Is economische groei nog wel een nobel doel om na te streven? Tientallen jaren lang was er (bijna) niemand die daaraan twijfelde. Vandaag wel. Want economische groei, dat houdt ook in: milieuvervuiling en uitputting van natuurlijke bronnen. Is die economische groei wel nodig? Bestaat er een alternatief voor? En wat gebeurt er als er geen economische groei meer is? Hoe zit het dan met onze welvaart?[9] Wetenschappers experimenteren met andere economische modellen: sociaal-ecologische modellen die zich richten op duurzaamheid en sociale welvaart, maar die de economie toch stabiel houden.

Groeipredikers stellen dat groei een onvermijdelijk en noodzakelijk gegeven is. De Post Growth-beweging vindt dat niet: ze komt op voor een krimpeconomie, 'ontgroeiing' of *degrowth*. In 2018 deden tweehonderd internationale economen van de Post Growth-beweging een aantal suggesties voor een ander groeimodel aan de Europese instellingen. Ze stelden onder meer voor om een progressiever belastingstelsel in te voeren, het aantal werkuren per week gradueel af te bouwen, een basisinkomen en een maximuminkomen in te voeren, en de technologische vooruitgang in te zetten om werktijden te reduceren en de levenskwaliteit te verhogen.[10] Of de voorstellen politiek en economisch haalbaar zijn en of er een draagvlak voor is, moet blijken. Hoe dan ook, het nastreven van enkel economische groei is niet vanzelfsprekend meer.

Volgens econoom Geert Noels lijdt onze wereld aan gigantisme. Bedrijven en organisaties worden steeds groter en machtiger. Dat fenomeen doodt gezonde concurrentie, leidt niet tot duurzame groei en brengt de mens in verdrukking, met welvaartsziektes als burn-out of obesitas tot gevolg.[11]

WAT BETEKENT DEZE TREND ZOAL VOOR ONDERNEMERS?

Bedrijven die alleen maar bestaan om winst te maken, zijn niet aantrekkelijk voor potentiële werknemers. Die willen graag werken voor een onderneming die bepaalde waarden uitstraalt: respect voor het milieu, duurzame mobiliteit, een goede werk-privébalans ... Als ondernemer is het belangrijk dat je nadenkt over je waarden en ze ook communiceert naar buiten. Je imago, je *employer brand*, is van levensbelang in de *war for talent*.

8 VAN GLOBAAL TERUG NAAR LOKAAL

De globalisering heeft de voorbije dertig jaar de wereldorde bepaald. De toevoer van goederen, geld, ideeën en mensen over de grenzen heen nam voortdurend toe. Volgens sommige waarnemers zou de globalisering over zijn hoogtepunt heen zijn. Van globalisering zouden we naar 'slowbalisering' gaan.[12]

De afname van de globalisering heeft verscheidene oorzaken. Door de financiële crisis van 2008-2009 zijn banken zuiniger met handelsfinanciering. Over de hele wereld actief zijn, is minder winstgevend dan werkgevers gehoopt hadden. Bedrijven ondervonden dat plaatselijke concurrenten bekwamer zijn dan ze dachten en dat aanzienlijke investeringen en overnames vaak op een flop uitdraaiden. Groei-economieën produceren intussen hun eigen goederen, en staan op eigen benen. Bovendien neemt dienstverlening een grotere plaats in de wereldwijde economische activiteit in. Maar het is moeilijker om internationaal handel te drijven met diensten dan met goederen. Een Russische advocaat mag geen testamenten bekrachtigen in Keulen en een Franse tandarts mag niet in tanden boren in Tokio. Ook zullen robots en allerlei slimme technologieën het minder interessant maken om te investeren en handel te drijven met lageloonlanden. En het ziet ernaar uit dat de wereld de volgende twintig jaar minder vrede zal kennen dan de voorbije twintig jaar.[13]

WAT BETEKENT DEZE TREND ZOAL VOOR ONDERNEMERS?

Nu de globalisering afneemt, komt er meer aandacht voor alles wat 'lokaal' is: lokale ambachten, streekproducten en korteketenprojecten. Consumenten verkiezen de plaatselijke handelaar boven de anonieme buitenlandse webshop en gaan 'winkelhieren' of lokaal shoppen ...

9 GRIJZER EN RIJKER

De Belgische bevolking blijft groeien. Nu zijn we met zo'n 11 miljoen Belgen. In 2030 zullen we de kaap van de 12 miljoen bereiken en in 2070 zouden we al met 13,4 miljoen zijn. Dat berekende het Federaal Planbureau. De bevolkingsgroei tekent zich af in bijna alle gemeenten, maar is het grootst in de stad Antwerpen, de regio rond Gent, en in delen van de provincie Antwerpen en Vlaams-Brabant. Maar op andere plaatsen zal de bevolking in Vlaanderen tegen 2070 zijn afgenomen. Dat is onder meer het geval in Veurne, Brugge, Maaseik en Tongeren. Dat komt vooral omdat er nu relatief veel 67-plussers wonen.

Door de vergrijzing verwachten demografen ook dat er steeds minder traditionele gezinnen - getrouwde stellen met kinderen - en steeds meer singles of 'eenpersoonshuishoudens' zullen zijn. Zo neemt het aantal alleenstaande vrouwen boven de 80 jaar toe, omdat hun man al eerder is gestorven door de lagere levensverwachting. Ook de groep alleenstaande mannen tussen 25 en 50 jaar neemt toe. Dat komt omdat na een scheiding de kinderen meestal gedomicilieerd zijn bij de moeder.

Het aandeel 67-plussers blijft spectaculair groeien tot ongeveer 2040. Dan zal de vergrijzing stabiliseren. Dat komt overeen met de babyboom na de Tweede Wereldoorlog: de mensen die toen geboren zijn, zullen tegen 2040 gestorven zijn. Vandaag leven vrouwen gemiddeld vijf jaar langer dan mannen. In 2070 zullen mannen en vrouwen bijna dezelfde levensverwachting hebben. Het verschil loopt dan terug tot 1,6 jaar.[14]

Ook wereldwijd neemt de bevolking toe. Volgens de VN zijn we nog vóór 2025 met 8 miljard mensen op de planeet. Het grootste gedeelte van deze groei heeft plaats in opkomende economieën en ontwikkelingslanden, vooral in Afrika en Azië. Daarnaast komt bijna de helft van de groei voor rekening van slechts negen landen: India, Nigeria, Pakistan, Democratische Republiek Congo, Ethiopië, Tanzania, Verenigde Staten, Indonesië en Oeganda. Vanaf 2022 zal China niet meer het land met de meeste inwoners ter wereld zijn. Dat wordt dan India.

Mensen worden gemiddeld steeds rijker. Armoede is zeker de wereld niet uit, maar het percentage mensen in absolute armoede is de afgelopen decennia fors gedaald. Begin jaren negentig moest nog meer dan een derde van de wereldbevolking het doen met minder dan 1,90 dollar per dag, nu is dat minder dan 10 procent. Maar het gaat wel nog steeds om 800 miljoen mensen.

Over het algemeen geldt: hoe rijker het land, hoe minder kinderen er per vrouw worden geboren. Japan heeft sinds 2008 zelfs te kampen met een bevolkingskrimp en dat zal de komende tien jaar niet veranderen. Ook in Duitsland krimpt het bevolkingsaantal. De algemene bevolkingsgroei blijft wel doorgaan, maar in een minder snel tempo. Demografen menen dat de bevolkingsgroei in de komende eeuw in het grootste gedeelte van de wereld zelfs langzaam tot stilstand zal komen, met Afrika als uitzondering.[15]

WAT BETEKENT DEZE TREND ZOAL VOOR ONDERNEMERS?

Nieuwe demografische ontwikkelingen leiden tot nieuwe doelgroepen die hun eigen behoeften hebben. Je kunt als ondernemer producten en diensten aanbieden voor de steeds grotere groep eenoudergezinnen, alleenstaande mannen of oudere single dames bijvoorbeeld. En sowieso: als de algemene welvaart stijgt, neemt ook de koopkracht toe.

10 COMMERCIALISERING VAN PRODUCTEN EN DIENSTEN

De trend van de commercialisering - het proces waarbij goederen en diensten worden uitgebaat om er geld mee te verdienen en winst mee te maken - zet zich voort.

Privatisering is een subtrend van commercialisering. Bedrijven, diensten, producten die in handen waren van de overheid, worden verkocht aan particulieren. De zorg, de post, het openbaar vervoer: er zal meer worden geprivatiseerd.

Ook de diensteneconomie is een subtrend van de commercialisering. Waarom alleen een product verkopen als je ook geld kunt verdienen met de service eromheen? Een IT-winkel verkoopt niet alleen computers, hij levert 'IT-oplossingen'. Een fietsenwinkel verkoopt niet alleen fietsen, je kunt er ook terecht om je fiets te laten maken. Een bedrijf in interieurspullen zal je niet alleen een goedzittende sofa verkopen, je krijgt er ook advies om je hele woonkamer opnieuw in te richten.

WAT BETEKENT DEZE TREND ZOAL VOOR ONDERNEMERS?

De groeiende diensteneconomie biedt oneindig veel mogelijkheden voor ondernemers. Veel mensen hebben het druk en zijn bereid om geld te betalen voor diensten die hen tijd besparen en het leven gemakkelijker maken. Zo kun je je producten of diensten aan huis of op kantoor leveren, je klanten 'ontzorgen' door te werken met onderhoudscontracten of - voor producten die regelmatig opnieuw moeten worden besteld - met abonnementsformules ...

11 DUURZAAMHEID ALOM

In een duurzame wereld zijn de drie p's in evenwicht: *people* (de mens), *planet* (het milieu) en *profit* (de economie).[16] Dat evenwicht is belangrijk om de aarde niet uit te putten en de toekomst van de volgende generaties niet in gevaar te brengen.

Met de groei van de wereldbevolking en de welvaart neemt ook de vraag toe naar natuurlijke grondstoffen zoals water, energie, mineralen, metalen en voedsel. En de hoeveelheid grondstoffen is beperkt. Duurzaamheid staat dus terecht hoog op de agenda. We vinden duurzaam leven, bewust bezig zijn met het milieu en bewust consumeren - of beter *'consuminderen'* - steeds belangrijker.

> *Duurzaamheid staat dus terecht hoog op de agenda.*

Bedrijven gaan op zoek naar alternatieve manieren om energie op te wekken, zodat ze niet meer afhankelijk zijn van fossiele brandstoffen en minder kwetsbaar zijn voor bruuske prijsschommelingen op de internationale markten. Overheden ontwikkelen nieuwe en strengere regelgeving. Consumenten zoeken naar manieren om hun ecologische voetafdruk te verkleinen. Ze gaan naar verpakkingsvrije winkels, nemen vaker de fiets of ontdekken de kringwinkel.

WAT BETEKENT DEZE TREND ZOAL VOOR ONDERNEMERS?

De duurzaamheidstrend biedt heel wat nieuwe kansen voor ondernemers die inzetten op groene energie of elektrische voertuigen, bijvoorbeeld. Als je bedrijf een duurzaam imago uitstraalt, ben je vandaag ook een aantrekkelijke werkgever. Ook handelaars trekken het best de duurzame kaart, want de groep milieubewuste consumenten wordt steeds groter. Denk na over je productaanbod en vermijd plastic verpakkingen als dat kan.[17]

12 SLIMME EN DOMINANTE TECHNOLOGIE

De technologische ontwikkelingen gaan in een razendsnel tempo. We gaan een toekomst tegemoet met zelfrijdende auto's, robotisering, artificiële intelligentie, 5G-, 6G- en misschien wel 7G-netwerken ...

Het internet der dingen of het internet of things wordt onze leefwereld: behalve mensen, zijn ook apparaten en toepassingen verbonden met het internet. Terwijl vandaag wereldwijd 30 miljard toestellen verbonden zijn met het internet, stijgt dat aantal tegen 2030 naar 500 miljard.

Slimme steden of *smart cities* zetten het internet der dingen in om de openbare diensten zo efficiënt, duurzaam en prettig mogelijk te maken. We gebruiken nieuwe technologieën en big data - de enorme berg digitale gegevens die we met z'n allen voortdurend aanleveren - om bijvoorbeeld ziekenhuizen, afval, toezicht en scholen te beheren en te organiseren.

Smart homes zijn slimme huizen waarin allerlei apparaten verbonden zijn met het internet. Bewoners kunnen op afstand inloggen op hun beveiligingssysteem, de temperatuur regelen en alvast de wasmachine aanzetten. Onze kinderen krijgen de nieuwe technologieën met de paplepel mee door het *internet of toys*: *connected toys* of speelgoed dat verbonden is met het internet. Denk aan een pop waarmee je kunt praten of een knuffelbeer die je verjaardag onthoudt en een robot die moppen vertelt.[18]

Als mensen, huishoudens en steden afhankelijk worden van technologieën houdt dat ook risico's in. Storingen en hackaanvallen kunnen hele systemen platleggen. En wat met al die privacygevoelige informatie de we vrijgeven? Is die wel veilig? Ook daar moeten nieuwe technologieën antwoorden op geven.

WAT BETEKENT DEZE TREND ZOAL VOOR ONDERNEMERS?

Technologische snufjes kunnen je helpen bij de organisatie van je bedrijf en ze kunnen je het leven gemakkelijker maken. Dankzij robots en machines hebben je verkopers meer tijd voor persoonlijk contact met de klanten en hoeven je medewerkers geen saaie routineklussen meer te doen. Door het internet kan de hele wereld kennismaken met je onderneming. Verzorg je website en je webshop: ze zijn je digitale uitstalraam.

PODCAST

Leslie Cottenjé van Hello Customer

CEO Leslie Cottenjé neemt je mee in haar snelgroeiend IT-bedrijf. Hello Customer, haar bedrijf, is gespecialiseerd in het realtime meten van klantentevredenheid. De start-up is gegroeid naar een volwassen bedrijf dat zijn groei nog moeilijk kan stoppen. Als vrouwelijke CEO in een IT-wereld weet ze alles van een evenwichtige balans tussen werk en privé, kleine kinderen begeleiden in hun groei terwijl je dat ook met je bedrijf doet en hoe ze steeds vernieuwen, experimenteren en implementeren.

https://online.ondernemersacademie.be

13 SNELLERE EN COMPLEXERE WERELD

De wereld draait al razendsnel, maar de komende decennia schakelen we nóg een versnelling hoger.

Bedrijven, innovaties en producten hebben korte levenscycli. Gevestigde waarden worden ingehaald door start-ups; terwijl de kledingzaken vroeger vier keer per jaar de collecties wisselden, doen de grote ketens dat nu tien keer per jaar. Boekhandels die een boek niet in voorraad hebben, maar het wel over drie werkdagen voor je kunnen bestellen, zijn eraan voor de moeite. Je bestelt het wel op het internet. Dan heb je het boek morgen, of vanavond nog. We willen alles, en wel meteen. Zelfs onze taal is snel en ongeduldig. App-gesprekken bevatten geen woorden meer als 'gewoon' en 'inderdaad', maar 'gwn' en 'idd'. Tijd schrijven we als 'tyd', want dat scheelt één hele letter.[19]

We leven in een 'snackcultuur'. De aandachtsspanne verslapt heel snel, dus moet het steeds korter, bondiger en tegelijkertijd accuraat, correct en to the point. We snacken van de ene beleving naar de andere en we willen zo weinig mogelijk tijd verliezen.[20] Bovendien zorgen technologische ontwikkelingen ervoor dat de wereld om ons heen steeds complexer wordt. Moderne managers moeten generalisten zijn die weten waar ze moeten aankloppen voor aanvullende kennis.[21] Want helemaal in je eentje red je het écht niet meer.

WAT BETEKENT DEZE TREND ZOAL VOOR ONDERNEMERS?

Samenwerken is nodig als je wilt overleven in de snellere en complexere wereld. Een expert in zijn hokje kan nooit snel genoeg antwoorden vinden op de uitdagingen van vandaag. Samen weet je meer en kun je meer. Huur bijvoorbeeld een freelancer in voor die complexe klus, of werk samen met een kennisinstelling, zodat je met je knappe innovaties de concurrentie een stap voor bent.

PODCAST

Leen Gysen van Iparc

Luister naar het ondernemersverhaal van Leen Gysen, CEO van Iparc, Kmo van het jaar 2018. Daarin vertelt ze hoe ze een innovatieve strategie voert in haar exclusief niche bedrijf, dat internationaal gerenommeerd is in het restaureren van kunst.

https://online.ondernemersacademie.be

14 LEVENSLANG LEREN

We leven in een kennismaatschappij en hebben een kenniseconomie. Een substantieel deel van onze economische groei komt voort uit kennis. Vaardigheden, informatie en data zijn onze belangrijkste economische activa.

Steeds meer mensen zijn hoogopgeleid en specialisten in hun vakgebied. Maar de kennismaatschappij met haar snelle technologische evolutie vraagt een brede vorming en ontwikkeling van álle burgers.[22] Daarom is het belangrijker dan ooit om te investeren in menselijk kapitaal en onderwijs. Levenslang leren is daarbij het motto, want kennis is snel verouderd en voorbijgestreefd. Onze samenleving zal zich moeten ontwikkelen van een traditionele kenniseconomie naar een lerende economie.[23]

Onze samenleving zal zich moeten ontwikkelen van een traditionele kenniseconomie naar een lerende economie.

WAT BETEKENT DEZE TREND ZOAL VOOR ONDERNEMERS?

Geef je medewerkers de kans om bij te leren. Zo blijven ze niet alleen bij, zo voelen ze zich ook gewaardeerd en zijn ze gemotiveerder. Bovendien: door de snelle technologische ontwikkelingen veranderen jobs van inhoud. Een job waarvoor een werknemer vandaag die bepaalde competenties nodig heeft, vraagt over een tijd misschien heel andere competenties. Je kennis voortdurend bijspijkeren, is dus belangrijk.

DEEL 2
ZES MACROTRENDS VOOR ONDERNEMERS

Nu we de veertien internationale megatrends hebben bestudeerd, willen we weten welke invloed ze hebben op de Vlaamse ondernemer. Want een invloed hebben ze zeker. We pikken zes macrotrends uit die rechtstreeks voortvloeien uit de veertien megatrends. Ze zullen het leven en werken van jou als ondernemer de volgende jaren mee sturen.

De macrotrend **'duurzaamheid'** spreekt voor zich. De hedendaagse ondernemer kan en mag zijn ogen niet sluiten voor de klimaatproblemen. Hij moet nu actie ondernemen, wil hij niet afhankelijk blijven van fossiele energiebronnen, bijvoorbeeld. En sowieso evolueren we naar een circulaire economie.

'Samenwerken' vloeit voort uit de maxitrend 'versnelling en complexiteit'. De moderne wereld wordt zo complex dat je het in je eentje, met je beperkte specialiteit, niet meer bolwerkt.

Het deel **'kopen vandaag'** omvat de trends voor de moderne handelaar. Die moet transparant zijn in zijn informatie over zijn producten en diensten, als gevolg van de 'democratie'-megatrend. Je leest ook dat authentieke producten en lokaal kopen of 'winkelhieren' in zijn, onder meer omdat de globalisering afneemt. En, als gevolg van de 'duurzaamheidstrend', zijn ook duurzame producten erg in trek.

Helaas voor de ondernemers, is **'krapte op de arbeidsmarkt'** ook een macrotrend. Ze is voor een deel toe te schrijven aan de 'demografie'-megatrend: de vergrijzing van de bevolking.

De trend **'mobiliteit'** is dan weer een rechtstreeks gevolg van de duurzaamheidstrend: willen we het klimaat niet langer vervuilen, dan moeten we inzetten op duurzame vervoersmiddelen.

'De gezonde en veerkrachtige ondernemer' ten slotte past in de megatrend 'focus op gezondheid'. Welzijn en werkbaar werk zijn geen modewoorden, maar een must. Óók voor ondernemers.

Je zult het merken tijdens het lezen: trends staan nooit op zichzelf. Ze overlappen elkaar vaak, en vloeien in elkaar over. Net zoals de rimpelingetjes op het wateroppervlak. Zo wil een werknemer graag per fiets ('duurzaamheid') naar het werk, omdat hij het beu is om in de file te staan ('mobiliteit'). Een bedrijf met een fietsbeleid waarbij hij een fiets mag leasen, is voor hem dan een aantrekkelijke werkgever ('krapte op de arbeidsmarkt'). Die werkgever heeft op zijn beurt minder stress, omdat hij dankzij het fietsbeleid een werknemer kon aantrekken ('de gezonde en veerkrachtige ondernemer').

Omdat niets zo duidelijk is als een voorbeeld uit de praktijk, illustreren we elke macrotrend uitvoerig met inspirerende cases van ondernemers. Misschien brengen ze ook jou op ideeën!

1 DUURZAAMHEID

Cijfer: 87 procent van de Vlaamse ondernemingen doet al kleine of grote milieu-inspanningen.

Geen onderwerp zo hot als de klimaatverandering. Terwijl jongeren betogen in de hoofdsteden en creatieve leuzen scanderen als: 'Veeg je voeten niet aan onze aarde', 'Geen doemdenken maar doen denken' en 'Hoe warmer de aarde, hoe minder fris ons bier', dringt het stilaan bij iedereen door: onze planeet is geen eindeloze tapkraan. De natuurlijke energiebronnen zijn beperkt, we moeten zuiniger omspringen met ruimte en water, de afvalberg moet kleiner én we moeten op zoek naar manieren om zelf hernieuwbare energie op te wekken.

Ook ondernemers zijn zich daarvan bewust. Ze willen met hun bedrijf bijdragen aan een betere wereld. Want we leven in een betekeniseconomie: een economie die draait om de behoefte van de mens aan zin en betekenis. Milieubewustzijn en duurzaamheid horen daarbij. Maar het mag niet blijven bij mooie intenties alleen. Willen we echt het verschil maken, dan moeten we evolueren naar een circulaire of een kringloopeconomie.

WAT IS EEN CIRCULAIRE ECONOMIE?

Het is een economisch systeem waarin producten, onderdelen en grondstoffen worden hergebruikt. In dit systeem bestaat er geen afval, alles wordt opnieuw gebruikt als grondstof.

Vandaag zitten we nog te veel in een lineaire economie. We delven grondstoffen, verwerken ze tot een product en danken ze dan af in de vorm van afval. Dat afval heeft geen waarde en is het eindpunt van de levenscyclus van een product. Zo'n economie is belastend voor het milieu, want we moeten elke keer nieuwe grondstoffen winnen. Bovendien zijn veel van onze grondstoffen eindig: op is op.

Toch zetten de meeste bedrijven al stappen in de richting van een circulaire economie: 87 procent van de Vlaamse ondernemingen doet al kleine of grote milieu-inspanningen. Dertien procent recupereert afvalwater. Vier op de tien bedrijven proberen op de een of andere manier afval-, rest- en bijproducten te recupereren. Ruim een vierde van de Vlaamse ondernemingen (27 procent) let er al bij de productie op dat hun producten gemakkelijk te demonteren of herstellen zijn. Het is niet slecht, maar het kan nog beter. Want de helft van de bedrijven zegt méér circulair te willen werken, maar niet te weten hoe.[24]

In dit hoofdstuk lees je hoe je zuiniger kunt omspringen met water, hoe je je kunt verplaatsen op een minder vervuilende manier en hoe je zelf duurzame energie kunt maken. Duurzaam omgaan met onze planeet betekent ook dat we op zoek moeten naar alternatieven voor eenmalige plastic verpakkingen. Want ons plastic afval is een enorm probleem. Korteketeninitiatieven zetten alvast een grote stap in de richting van een duurzame economie, zo verneem je op de volgende bladzijden. In die duurzame, circulaire samenleving wordt bovendien niets meer weggegooid. Het afval is waardevol en wordt de grondstof van een nieuw product. Hoe meer we circulair ontwerpen, hoe beter dat lukt.

PODCAST

Didier Pierre van NNOF
'Als ondernemer moet je iets terugdoen voor de wereld'
'Bijna nieuw is minstens zo goed als helemaal nieuw', luidt het motto van Nearly New Office Facilities (NNOF), het bedrijf van Didier Pierre dat al sinds 2015 trots Handmade in Belgium-ambassadeur is (een initiatief van UNIZO). Het richt kantoren in met zoveel mogelijk (onderdelen van) afgedankt kantoormeubilair. Volgens Didier moeten we het begrip 'winst' anders definiëren. Niet alleen het financiële telt, maar óók wat je als bedrijf teruggeeft aan de mensen, het milieu en de maatschappij.

https://online.ondernemersacademie.be

1 SPAARZAAM MET WATER

Duurzaam omgaan met onze planeet betekent ook dat we zuiniger moeten omspringen met water. Herinner je je de zomers van 1976, 2011, 2017 en 2018? En het voorjaar van 2020? Kurkdroog waren ze. Wekenlang viel er geen regen, en het oppervlakte- en grondwater zakte tot dramatische niveaus. 'We zullen eraan moeten wennen', zeiden de klimaatwetenschappers.

Bovendien blijkt Vlaanderen sowieso erg gevoelig voor waterschaarste. Er wonen immers veel mensen dicht bij elkaar, die allemaal water nodig hebben. Tegelijk is de grond in Vlaanderen op veel plaatsen verhard met beton, zodat het regenwater rechtstreeks het riool inloopt en niet in de grond kan sijpelen.

Water is essentieel. Voor de natuur, voor mens en dier, en ook voor ondernemers. Hun bedrijven hebben water nodig als grondstof, in de productie, om machines te koelen, om te spoelen, om het bedrijf te poetsen, voor de hygiëne van de werknemers, voor de voedselveiligheid ...

Voorlopig komt dat water nog gewoon uit de kraan, of uit een eigen grondwaterwinning. Maar zo vanzelfsprekend zal dat in de toekomst niet meer zijn. De overheid werkt dan ook aan 'afwegingskader voor prioritair watergebruik tijdens droogteperiodes' (soms nog '**waterafschakelplan**' genaamd), om het hoofd te bieden aan toekomstige watercrisissen. Dat wordt een soort van ranglijst met wie eerst toegang krijgt tot het nog beschikbare water.

Wil je niet meer afhankelijk zijn van het water uit de kraan, dan zorg je voor alternatieven. Ga nu op zoek naar andere (grond)waterbronnen en beperk zo je bedrijfsrisico's in periodes van extreme droogte. Als je water wilt besparen of wilt weten hoe jouw bedrijf duurzamer met water kan omgaan, kan een **wateraudit** zeker helpen. Een expert brengt dan de waterstromen en de waterbehoeften van je bedrijf in kaart en kijkt hoe je water kunt besparen, eventueel door andere waterbronnen te gebruiken.

Als je water wilt besparen of wilt weten hoe jouw bedrijf duurzamer met water kan omgaan, kan een wateraudit zeker helpen.

Misschien kun je wel het **afvalwater** van je bedrijf **hergebruiken**, in plaats van het in de riool of in oppervlaktewateren te lozen. Want dat is niet alleen slecht voor het milieu, het is ook duur. De lozingsnormen worden steeds strenger. Bedrijven die aan die normen willen voldoen, zullen sowieso fors moeten investeren in waterzuivering.

Niet voor alle toepassingen heb je drinkwater nodig. Vaak is gezuiverd afvalwater of **effluent** ook goed. Om akkers mee te bevloeien, bijvoorbeeld. Of als koel- of proceswater, of om tankwagens mee schoon te maken. Aquafin verkoopt effluent aan de landbouw en de industrie. Voor menselijke consumptie of om er een douche mee te nemen, is dat water niét geschikt.

Colac, Beerse

'Hier gaat geen druppel verloren'

Bij Colac in Beerse, waar ze ingrediënten, fruitbereidingen en dessertsauzen maken voor onder andere roomijs, zuivel en gebak, gaat geen enkele regendruppel verloren. Het bedrijf recupereert al het regenwater bij het productieproces.

'Al het regenwater dat op ons 10.000 m² grote dak valt, vangen we op in buffers onder de fabriek', vertelt bedrijfsleider Geert Vermeersch. 'We hebben zo drie van die buffers. In de eerste komt het ongezuiverde regenwater terecht. Dat komt dan voorbij een zuiveringsinstallatie en belandt in de tweede buffer.' Het gereinigde regenwater heeft een temperatuur van ongeveer 15 graden. 'We gebruiken het voor het koelen van bijvoorbeeld warme sauzen', legt Geert uit. 'Na het koelen heeft dat water een temperatuur gekregen van zo'n 20 à 25 graden en gaat het naar buffer 3.'

Dat warme water gebruiken ze bij Colac dan als reinigingswater of om de stoomketel te bevoorraden. 'We moeten het natuurlijk nog verder verwarmen, maar het water is dan toch al een dikke 20 graden, helemaal gratis opgewarmd.' Het water kan nog meer: 'In de zomer gebruiken we het koude water van buffer 2 voor de airco in onze kantoren. Als het opgewarmd is, gaat het weer naar buffer 3. En in de winter doen we het omgekeerde om de kantoren te verwarmen.'

Het hele systeem van waterrecyclage was een fikse investering, geeft Geert Vermeersch toe. 'En het rendeert waarschijnlijk pas na tien, vijftien jaar. Voor het geld moet je het dus niet doen. Wij kiezen voor waterhergebruik en hernieuwbare energie uit ecologische overtuiging. Onze ambitie is om tegen 2025 helemaal energieneutraal te zijn. Niet voor het geld, niet voor ons imago, wél voor de volgende generaties die in deze fabriek komen werken.'

2 DUURZAAM ONDERWEG

Als we bezorgd zijn om het milieu, moeten we ook stilstaan bij onze mobiliteit. We verliezen met z'n allen uren tijd in de file. Tijd die we zouden kunnen doorbrengen met werken, sporten, ontspannen ... Verloren tijd is het, die ons geld kost en stress bezorgt. Bovendien zorgen die puffende file-auto's voor uitstoot van onder meer zwaveldioxide, stikstofoxide, koolstofdioxide, roet- en fijne stofdeeltjes. Vuile lucht dus, die we allemaal inademen. Minder auto's op de weg is dé oplossing. Hoe pakken we dat aan?

Je kunt je medewerkers vaker laten **thuiswerken**. Zo verliezen ze alvast geen tijd op de weg. Bovendien leidt thuiswerken geregeld tot een beter evenwicht tussen werk en gezin.
De meeste kantoorwerkers zijn door de coronacrisis al goed gewend geraakt aan via het internet vergaderen en online workshops volgen. Veranker die manier van werken door er een duidelijk kader voor te creëren in je onderneming. Bepaal het gewenste aantal thuiswerkdagen per functie en denk na over de criteria om te kiezen voor een vergadering online of 'live'.

Denk ook na over de **vestigingsplaats** van je bedrijf. Een locatie bij knooppunten van openbaar vervoer is een extra troef voor klanten en werknemers, want je bespaart hen een hoop fileleed en parkeerproblemen. Vestig je je op een bedrijventerrein, dan profiteer je ook van het gezamenlijk vervoeraanbod daar. En voor bepaalde bedrijven is het eveneens interessant om transport via de waterweg te overwegen, zowel om personen als goederen te vervoeren.

Verder kun je voor **milieuvriendelijkere vervoermiddelen** gaan, voor jezelf en je personeel. Voor sommige alternatieven krijg je zelfs een subsidie van de overheid. Zo kan het openbaar vervoer een oplossing zijn, eventueel aangevuld door een ritje met de fiets. Daarbij kun je kiezen voor (elektrische) bedrijfsfietsen of een abonnement op deelfietsen nemen.

Heb je de auto toch nodig? Kies dan voor een die **minder vervuilend** is. Met die oude dieselbestelwagen kom je sowieso de lage-emissiezone (LEZ) niet meer in. En die LEZ wordt in steeds meer Vlaamse steden ingevoerd. Absoluut *zero emission* zijn de elektrische auto's en de wagens op waterstof. Maar je kunt ook kiezen voor een hybride auto, een wagen met een ingebouwde roet- of selectieve-katalytischereductie (SCR)-filter of de installatie van een roetfilter in je huidige auto.

Boss paints, Beveren-Leie

'Fietsende werknemers belonen'

Een groepsaankoop voor fietsen, een beloningssysteem met 'wielekes' en een vakantiewagen voor autoreizen naar het zuiden: het verfbedrijf Boss paints in Beveren-Leie gaat best ver om zijn medewerkers aan het fietsen te krijgen.

Boss paints startte enkele jaren geleden met een fietsbeleid. 'We organiseerden toen een groepsaankoop van stadsfietsen, elektrische fietsen, plooifietsen en bakfietsen', vertelt Els Heynssens, milieucoach bij Boss paints. 'Zeker elektrische fietsen zijn niet altijd goedkoop. Daarvoor kon je via het bedrijf een renteloze lening aangaan tot 2.000 euro, gespreid over drie jaar. Zo'n dertig medewerkers ruilden de auto toen in voor een fiets.'

Wie met de fiets naar het werk komt, krijgt een beloning van Boss paints. 'Elke dag dat je fietst, per schijf van 20 kilometer, ontvang je bovenop de fietsvergoeding een "wieleke". Als het regent, krijg je er eentje extra. "Wielekes" zijn onze eigen uitgevonden muntjes.

Werknemers spenderen die in de Wielekesshop aan bijvoorbeeld middagmalen of bonnen voor sportwinkels. Of geven die uit aan fietsonderhoud of betalen er hun fiets mee af.'

'Natuurlijk hebben we nog bedrijfswagens', zegt Els. 'Maar we sporen de medewerkers aan om te kiezen voor een elektrische auto of een wagen op cng. Wie een elektrische wagen neemt, krijgt bijvoorbeeld een laadpaal bij hem thuis en een premie voor een leasefiets', legt ze uit. 'Toen we merkten dat sommigen toch voor een dieselwagen gingen, omdat ze vreesden niet meer naar Zuid-Frankrijk te kunnen rijden, lanceerden we de "vakantiewagen": een klassieke dieselwagen voor de periode van je verre autoreis. Enkel wie jaarlijks heel veel kilometers afhaspelt, kiest bij Boss paints nog voor de klassieke dieselwagen.' Alles samen is dat een grote investering voor het bedrijf. 'Maar we willen een voortrekker zijn', lacht de milieucoach.

3 MAAK ZELF JE ENERGIE

Duurzaam ondernemen betekent vandaag ook: zelf je energie opwekken. Want kmo's zijn nog te veel afhankelijk van fossiele brandstoffen. Het maakt hen kwetsbaar voor bruuske prijsschommelingen op de internationale markten. En bovendien zijn fossiele brandstoffen eindig.

Zelf voorzien in je energie is ook steeds vaker een vereiste als je je wilt vestigen op een nieuw bedrijventerrein. Want die terreinen gaan meestal voor CO_2-neutraliteit. Het Waregem Business Park is alvast het eerste CO_2-neutrale bedrijventerrein van het land. Dat betekent dat de bedrijven er geen vervuilende CO_2-impact hebben op het klimaat. Ze stoten natuurlijk wel uit, maar dat compenseren ze: onder meer met groendaken, het recycleren van regenwater, extra zonwerend glas en ledverlichting. De bedrijven gebruiken er ook geothermische energie voor verwarming en koeling. Daarvoor halen ze warmte of koelte uit de grond tot een diepte van 50 meter.[25]

Er zijn nog meer manieren om zelf je energie op te wekken. Een **windturbine** plaatsen, is een mogelijkheid. Maar je hebt er een vergunning voor nodig, en de meeste steden en gemeenten zijn niet erg happig om die te verlenen. Je zult moeten aantonen dat de windmolen die je wilt plaatsen, voldoende energie opwekt en dat de hinder beperkt is. Je moet ook bewijzen dat de turbine veilig is, niet te veel slagschaduw geeft of lawaai maakt én de plaatselijke fauna – vogels, dus – of het landschap niet verstoort.

Komt er in jouw bedrijf veel biologisch afbreekbaar materiaal vrij, zoals hout, mest, gft of snoeiafval? Dan kun je uit die biomassa misschien je eigen **bio-energie** opwekken. Bio-energie uit biomassa halen, gebeurt door verbranding, vergisting of vergassing. Hoe milieuvriendelijk bio-energie is, hangt ervan af. Als je restafval uit land-, bos- of tuinbouw gebruikt, dan wel. Maar als voor de productie van biomassa bijvoorbeeld gewassen moeten worden geplant die bos verdringen, is de opbrengst voor het klimaat nul.

Agro-Energiek, Lievegem

'Varkensmest wordt elektriciteit'
Liefst vijfduizend gezinnen genieten van de groene elektriciteit die Valerie Vandaele en Frederik Muylaert van Agro-Energiek uit Lievegem opwekken uit biogas.

'We hebben de boerderij in 2009 overgenomen van mijn ouders', zegt Valerie. 'Zij hebben mooie tijden gekend in de landbouw, maar de laatste jaren waren erg moeilijk. Toen Frederik en ik in de stiel stapten, wilden we gaan voor iets positiefs. We wilden een landbouwmodel waar toekomst in zit. En de toekomst, dat is volgens ons hernieuwbare energie.'

Valerie en Frederik investeerden in een installatie om hun varkensmest te vergisten. Want zoals veel boeren zaten ze met een mestoverschot. Het biogas dat vrijkwam, gebruikten ze om elektriciteit op te wekken voor de boerderij. Intussen is het biogasverhaal uitgegroeid tot hun hoofdactiviteit: Agro-Energiek maakt biogas uit een mix van mest, voedseloverschotten van de agro-voedingsindustrie én een maïssoort die speciaal voor de energieproductie wordt geteeld. Alles samen is dat zo'n 60.000 ton per jaar. De elektriciteit die daarmee wordt opgewekt, verkoopt Agro-Energiek aan verschillende energieleveranciers die groene energie aanbieden.

Maar dat is nog niet alles. Aan het einde van het biogasproces blijft er nog een natte brij over. 'Die drogen we in tot een droge meststof in de vorm van kleine korreltjes. We verkopen deze organische meststof onder meer aan landen zoals Polen, waar juist een mesttekort is. De boeren zijn er uit noodzaak aangewezen op kunstmeststof die de bodem verschraalt. Onze organische meststof is als humus die de grond juist verrijkt.' 'Op deze manier sluiten we de kringloop', zegt Valerie. 'Het begint met planten die worden opgegeten door de dieren en die mest worden. De mest geven we op het einde van het proces terug aan de natuur, waar het weer nieuwe planten doet groeien.'

Door de nieuwe technieken voor het opwekken van hernieuwbare energie, zullen we evolueren naar een 'slim energienet' of ***smart grid***.

Wat is een smart grid?[26]

*De gewone elektriciteitsnetten van **vroeger** kunnen we ons voorstellen als 'buizen' waardoor de elektriciteit stroomt van de producent naar de verbruiker. Er komt voortdurend elektriciteit door de buis. Dit systeem doet het prima zolang we alleen traditionele elektriciteitscentrales hebben. Als de consument meer of minder elektriciteit nodig heeft, kan de producent het aanbod aanpassen.*

*Maar **tegenwoordig** wordt elektriciteit steeds vaker door hernieuwbare energiebronnen geleverd. Zonnepanelen, bijvoorbeeld. Of windturbines. Die leveren niet voortdurend stroom. Zonnepanelen doen 's nachts helemaal niets. En windturbines produceren alleen stroom als er wind is. Het zijn dus variabele energiebronnen. Dat kan een **probleem** zijn! Het evenwicht op het energienet kan in gevaar komen. Het is zoals proberen om het waterniveau in een badkuip constant te houden als je de afvoerstop eruit trekt en de kraan laat openstaan, én iemand plots een emmer water in het bad giet. We moeten er dus voor zorgen dat de producenten op elk moment evenveel elektriciteit in het net stoppen als de verbruikers van het net afnemen. Een te groot onevenwicht tussen vraag en aanbod kan leiden tot allerlei incidenten. Storingen bijvoorbeeld. Of een black-out.*

***Hoe doen we dat?** Met slimme netten!*

Waarom zijn die slimme netten of 'smart grids' zo slim? Ze hebben sensoren waarmee ze gegevens verzamelen en communiceren. Met al die informatie kunnen de netbeheerders de stroom voortdurend bijstellen. De beheerders worden constant op de hoogte gehouden van de toestand. En als er problemen zijn, kunnen ze meteen ingrijpen op afstand. Zodat het bad niet overloopt, of leegloopt.

*Maar dat slimme net kan nog veel meer. Het kan ook communiceren met eventuele slimme meters en de huishoudtoestellen van de verbruikers automatisch laten draaien in periodes met veel elektriciteit op het net, en dus tegen lagere prijzen. Een slim net is **flexibel**: het kan de schommelingen in productie en verbruik beter beheren. Het is ook **betrouwbaar**: er is minder risico op storingen of incidenten. Bovendien is het **toegankelijk**: alle energiebronnen kunnen in het net worden opgenomen. En omdat de netten met elkaar verbonden zijn, kunnen de verbruikers ook de hernieuwbare energie gebruiken die misschien in overvloed wordt geproduceerd in buurlanden als er niet voldoende productie is in België. En ten slotte: als het net beter wordt beheerd, zijn er minder kosten. Het is dus ook **goedkoper**.*

4 ALTERNATIEVEN VOOR WEGWERPPLASTIC

Willen we evolueren naar een duurzame economie, dan zullen we ook duurzame verpakkingen moeten gebruiken. En dus moeten we op zoek naar alternatieven voor wegwerpplastic. We produceren héél erg veel plastic, elk jaar meer. In de jaren 1950 produceerde de wereld nog ongeveer 5 miljoen ton plastic, vandaag is dat al zo'n 311 miljoen ton. De laatste tien jaar is meer plastic geproduceerd dan in de hele twintigste eeuw. En ongeveer de helft van al het plastic dat geproduceerd wordt, is voor eenmalig gebruik en wordt direct weggegooid.[27]

De laatste tien jaar is meer plastic geproduceerd dan in de hele twintigste eeuw.

Ons plastic afval is een enorm probleem. Het belandt in de waterlopen en in de oceanen, waar het afbreekt in minuscule deeltjes. Deze microplastics komen terecht in vissenmagen en in ons drinkwater. Op die manier zouden we allemaal iedere week gemiddeld 5 gram aan plastic binnen krijgen, te vergelijken met een bankkaart of een wegwerpbalpen.[28] We kunnen niet meer om de hete brij heen draaien: we moeten, zoveel als het kan, wegwerpplastic en eenmalige plastic verpakkingen vermijden.

Heel veel ondernemers nemen hun verantwoordelijkheid al. Sinds 2019 is er in Vlaanderen een algemeen verbod op het meegeven van gratis plastic zakjes aan de kassa, maar lang voordien hadden veel handelaars al beslist om plastic zakjes betalend te maken of die te vervangen door papieren of herbruikbare tassen. Zo goed als alle supermarkten bieden al jaren grote, opnieuw bruikbare boodschappentassen aan, die gemaakt zijn uit gerecycleerd materiaal. Hun milieubewuste klanten - en die zijn er steeds meer! - verwachten die groene inspanningen ook. Steeds vaker kiezen de consumenten voor een duurzaam product, ook al is het duurder in prijs.

Eenmalige plastic verpakkingen vervangen door milieuvriendelijkere alternatieven is niet altijd vanzelfsprekend. In de voedingsindustrie, bijvoorbeeld: verkopers hebben er uiterst strenge richtlijnen om de voedselveiligheid te garanderen. Ze zijn dus niet altijd happig om doosjes te gebruiken die de klant zelf heeft meegebracht. Want heeft hij die thuis wel goed schoongemaakt? In supermarktketen Carrefour kan het wel. Daar mogen klanten hun zelf meegebrachte potjes laten vullen aan de beenhouwerij, de visafdeling en de traiteurtoog. De voorwaarde is wel dat de potjes geschikt moeten zijn om voedsel in te doen, en de winkelbediende mag weigeren als de voedselveiligheid niet gegarandeerd kan worden.[29] Er duiken ook steeds meer *zero waste*-winkels op waar consumenten producten in bulk kunnen kopen en die in hun eigen zakjes en potjes kunnen meenemen.

Kunnen we plastic niet vermijden, dan moeten we het zo veel mogelijk recycleren. Zo veel mogelijk verpakkingen in de blauwe pmd-zak dus, bestemd voor plastic flessen, metaalverpakkingen en drankkartons. Daarom besliste Fost Plus, de organisatie die in België de selectieve inzameling, sortering en recyclage van huishoudelijk verpakkingsafval regelt, de blauwe zak uit te breiden. De uitbreiding gebeurt geleidelijk, maar tegen 2021 mogen in alle gemeenten alle plastic verpakkingen in de blauwe zak. Dus ook yoghurtpotjes, margarinevlootjes en plasticfolie. Daarmee kan 8 kilo gesorteerd plastic verpakkingsafval per jaar per inwoner extra worden ingezameld én gerecycleerd.[30] Zo komen we een hele stap dichter bij een circulaire economie.

JBC, Houthalen

'Twee miljoen plastic wikkels uitgespaard'

Geen folders meer gewikkeld in plasticfolie en geen plastic verpakkingen meer rond de kleding van de webshop. Daarmee zet kledingketen JBC de eerste stappen naar een plastic-arm bedrijfsmodel.

'Eigenlijk wilden we van ál onze plastic verpakkingen af', zegt Valerie Geluykens, CSR-manager bij kledingzaak JBC. 'CSR' staat voor *corporate social responsibility* of 'maatschappelijk verantwoord ondernemen'. 'Hier en daar is dat gelukt. Zo zit er rond de 350.000 folders die we zes keer per jaar verspreiden, geen folie meer. Daarmee sparen we zo'n twee miljoen plastic wikkels uit. En onze medewerkers kregen van ons allemaal een herbruikbare drinkbus die ze vullen met kraantjeswater. Bij JBC komt er geen plastic fles meer in!'

Vele kleintjes maken een groot, dus pakte JBC ook de ballenautomaat aan de kassa's aan. 'We hebben nu ijzeren jetons, die we hergebruiken', vertelt Valerie. 'De ballen waar de gadgets inzitten, vragen we terug om ook opnieuw te gebruiken. En over de gadgets zelf hebben we ook nagedacht. Het zijn nu tattoos en geen plastic stuiterballen meer.'

Maar alle plastic bannen, dat lukte JBC nog niet. 'De kleding van onze webshop wordt in plastic verpakt om ze niet te beschadigen. Dat is écht nodig', weet Valerie. 'Dus hoopten we dat plastic te kunnen vervangen door bioafbreekbare of composteerbare plastic.' JBC vroeg daarvoor advies aan professor Karine Van Doorsselaer, dé experte in ecodesign aan de Universiteit Antwerpen. 'Maar zij leerde ons dat die plastics helemáál niet zo afbreekbaar zijn, omdat de techniek ervan nog niet op punt staat. Ze vond het beter om het plastic goed te recycleren.' 'Voor de online bestellingen verwijderen en verzamelen we nu zelf alle plastic', legt Valerie uit. 'De kleding sturen we naar de klanten in een doos die voor 70 procent uit gerecycleerd karton bestaat. Voor de klanten die hun pakje in de winkel ophalen, verwijderen we het plastic aan de kassa. Zo kunnen we alle plastic correct inzamelen, zodat die ook goed kan worden gerecycleerd.'

'Waarom we al die moeite doen? Omdat we een bedrijf zijn dat zich richt tot jonge gezinnen met kinderen', zegt Valerie Geluykens. 'Dan moet je ook bezig zijn met de toekomst van die kinderen, vinden wij.'

5 KORTE KETEN

In een duurzame economie legt ons voedsel geen duizenden kilometers af voor het op ons bord ligt. Het komt van vlakbij, en heeft een korte keten afgelegd.

Heb je al eens gehoord van een 'locavoor'? Net zoals een carnivoor vlees eet en een omnivoor alles lust, is een locavoor een fijnproever die alleen producten uit eigen streek eet. Hij haalt zijn voedsel rechtstreeks bij de boer of gaat uit eten in een restaurant dat alleen lokale ingrediënten gebruikt. Een locavoor doet dat onder meer om zijn ecologische voetafdruk te verkleinen. Want zijn voedsel legt minder vervuilende kilometers af en wordt niet nodeloos verpakt in plastic. Hij ondersteunt er ook de lokale economie mee, want de boer krijgt zo een eerlijke prijs voor zijn producten. Bovendien weet de locavoor zo precies waar zijn voedsel vandaan komt. En vaak is dat ook nog eens biologisch. De opkomst van de locavoor past in de groeiende trend van de 'korteketeninitiatieven'.

WAT IS EEN KORTE KETEN PRECIES?

Een korteketenproject is bijvoorbeeld een lokale kmo die lokale landbouwproducten verwerkt, die dan weer in lokale winkels verkocht worden. Of een restaurant dat alleen met lokale producten werkt, dat is ook een mooi voorbeeld.

Zo'n korte keten kan op heel wat verschillende producten betrekking hebben: van vlees, groenten, fruit en bloemen tot roomijs, honing en fruitsap. Ze worden verkocht via een heleboel kanalen: in winkels met streekproducten, in een hoevewinkel aan een boerderij, op onlineplatformen ... of ze dragen als ambachtslui het UNIZO authenticiteitslabel *Handmade in Belgium*.

l'Heritage, Poperinge, Reninge

'Alles komt hier uit eigen streek'

Artisanaal ijs, met melk van bij de boer en aardbeien of frambozen uit de streek. Of met speculoos van Jules Destrooper, want ook dát is een streekproduct. En wat dacht je van een streekbierijsje? Bart Mostaert van ijssalon l'Heritage in Poperinge en Reninge schept je met plezier een bolletje.

'De Westhoek is een streek met prachtige producten', vindt Bart Mostaert van l'Heritage. 'Fruit, groenten, wijnen, bieren, heerlijke confituur, brood, charcuterie, kazen, yoghurt', somt hij op. 'Allemaal geteeld en gemaakt met liefde en vakmanschap.' Bart kan het weten, want streekproducten vormen zijn corebusiness. 'Het is begonnen met ons ijssalon', vertelt hij. 'We maken al twintig jaar artisanaal ijs volgens hetzelfde recept. Zonder toevoegingen of kunstmatige smaakmakers. De melk halen we rechtstreeks bij de boer hier in de buurt. Het fruit in ons ijs komt uit de streek, de speculoos in ons speculoosijs is van Jules Destrooper. Voor de liefhebbers maken we zelfs bierijs van Westvleteren- en Sint Bernardusbier.'

Bart heeft ook een winkel in streekproducten, een tearoom en een B&B, en binnenkort opent hij een eethuis waar alles wat op de menukaart staat in de streek wordt geproduceerd. 'Van de wijn en de limonade tot de gerechten en de koekjes bij de koffie', zegt hij. En verder verkoopt hij streekpicknickmanden die gevuld zijn met lokale lekkernijen en verhuurt hij een draagbare ijsvitrine, zodat je zelf artisanale ijsjes kunt scheppen op je feestje.

Voor de Week van de Korte Keten in 2019 werd Bart verkozen tot 'Korte Keten Kop' voor de provincie West-Vlaanderen. Voor hem is korte keten al lang niet meer het verhaal van alternativo's en geitenwollensokkentypes alleen. 'Het draagvlak wordt steeds groter', stelt hij vast. 'Mensen worden bewuster, ze zijn bezorgd om het klimaat. Ze willen niet meer dat hun voedsel duizenden vervuilende kilometers aflegt voor het op hun bord komt. Bovendien duiken er steeds meer allergieën en voedselintoleranties op, en dus willen mensen weten wat er in hun eten zit. Wie eet volgens de principes van de korte keten, eet vaak gezonder. Want je eet de producten van het seizoen. Die hebben de beste smaak en zitten vol vitamines.'

6 WAARDEVOL AFVAL

In een duurzame en circulaire economie kijk je met heel andere ogen naar afval. Eigenlijk bestaat afval er niet eens meer. Wat wij 'afval' noemen en weggooien, is grondstof voor een ander product. Afval is waardevol. Maar zo zien ondernemers het nog te weinig. Integendeel, ze betalen erg veel geld om van hun afval af te raken. Het is dus nuttig én winstgevend om je beheer van materialen en afval eens goed onder de loep te nemen. Volgens Ovam, de Openbare Vlaamse Afvalstoffenmaatschappij, kan een goed beheer van materialen en afval wel 10 procent méér winst opleveren.[31]

Want in veel bedrijven, en zeker bij productie- en maakbedrijven, vormt materiaal een van de grootste kostenposten. De nuttig gebruikte materialen komen terecht in het eindproduct, maar een deel van de grondstoffen gaat verloren. Snijresten, bijvoorbeeld. Of productieverliezen, of te grote eenheidsverpakkingen. Die verloren grondstoffen belanden bij het afval waar je als bedrijf voor moet betalen. Je kunt echter ook geld verdienen met je afval. Door je productieproces eens te herbekijken, bijvoorbeeld. Of door je afvalfracties goed te scheiden: zo hebben zuivere metalen in je afvalcontainer dubbel zoveel waarde als gemengde metalen. Door je kringloop te sluiten, kun je winst maken. Wie weet, is jouw afval wel waardevolle grondstof voor een ander bedrijf.

Wie weet, is jouw afval wel waardevolle grondstof voor een ander bedrijf.

Redo Papers, Antwerpen

'Mooie dingen maken van papierafval'
Vellen in een hip kleurtje of met een leuke print, of papier van mooie kwaliteit: grafici Tille Lingier en Linde Luyten kunnen ze niet weerstaan. Wat de drukkerijen aan afval in de papiercontainer gooien, daar maken zij weer nieuwe papierwaren van. Mét een mooi design.

Notitieboekjes, weekplanners, to-dolijstjes, blocnotes ... Bij Redo Papers, het bedrijf van Tille en Linde in Antwerpen, zien geen twee producten er hetzelfde uit. Neem nu de notitieboekjes: die hebben allemaal een andere kaft, want die is - bijvoorbeeld - gesneden uit een museumposter. Binnenin zijn de witte blaadjes ook allemaal anders: met een reliëfje, een printje op de achterkant, een andere structuur ... 'Je kunt goed zien dat het papieroverschotten zijn', zegt Tille. 'Dat is ook de bedoeling. Maar we doen méér dan afval verwerken alleen. Onze producten krijgen ook een mooi ontwerp. Dat is wat de circulaire economie doet: van afval opnieuw iets moois en bruikbaars maken voor in je woonkamer of bureau.'

Tille en Linde zijn allebei grafici. 'Wij houden van papier', lacht Tille. 'We weten ook dat mooi papier best kostbaar is. Een tekenvel tijdens onze opleiding kostte al gauw 4 euro. En toen we na onze studies in drukkerijen kwamen waar al dat mooie papier werd weggegooid, vonden we dat zo'n zonde! Soms vind je daar stapels proefdrukken voor brochures of posters van musea klaar voor de papiermand: zo jammer!' 'Maar zo werkt het nu eenmaal', zegt Tille. 'Een machine in een drukkerij moet eventjes draaien voor ze kan drukken. En kleuren moeten juist zijn afgesteld. Daar kruipen vellen en vellen papier in.' Al dat papierafval is een dankbare bron van inspiratie voor Tille en Linde. 'We draaien het productieproces om', legt Tille uit. 'In een normaal productieproces bedenk je eerst een product en ga je dan op zoek naar de middelen om het te maken. Wij kijken eerst naar de hoop papier en bedenken dan wat we ermee kunnen doen. Zo kregen we onlangs een berg geel karton van een drukkerij. Ideaal om kaften voor schetsboeken te maken, bedachten we. Dus voegen we nu schetsboeken toe aan ons assortiment.'

'Of we een verschil maken? Dat hopen we wel', zegt Tille. 'De papierberg zullen we niet verkleinen, die illusie hebben we niet. Er worden elke dag tonnen papier weggegooid, en dat zal niet zo snel veranderen. Maar we merken wel dat we in de drukkerijsector mensen aan het denken zetten. Als een ontwerp nog niet helemaal klaar is, drukken ze niet zo snel meer op de printknop.'

7 CIRCULAIR ONTWERPEN

Als we willen komen tot een duurzame en circulaire economie, hebben we meer circulaire producten nodig. Dat zijn producten die gemaakt zijn uit materialen die gemakkelijk kunnen worden hergebruikt of die weer veilig naar onze leefomgeving kunnen terugkeren. Willen we dus een volledig circulair product, dan houden we het best al van bij het ontwerp rekening met zijn tweede leven. Het moet net zolang meegaan als verwacht wordt, gemakkelijk te onderhouden of te herstellen zijn, eenvoudig uit elkaar te halen en weer in elkaar te zetten zijn, en opnieuw te gebruiken zijn. In principe kun je elk product circulair ontwerpen: een auto, een stofzuiger, een huis ... zelfs kleding. Elk product wordt zo een magazijn van materialen dat je op het einde van de rit ontmantelt, en weer hergebruikt voor misschien iets heel anders.

Elk product wordt zo een magazijn van materialen dat je op het einde van de rit ontmantelt, en weer hergebruikt voor misschien iets heel anders.

Houweling Group, Aarschot

'Oude werkschoenen worden tuinmeubels'

Werkschoenen die zó ontworpen zijn dat je ze weer uit elkaar kunt halen om ze opnieuw als grondstoffen te laten dienen? Die hebben ze bij Alpak in Aarschot, dat deel uitmaakt van de Nederlandse Houweling Group.

'Onze werkschoenen worden hergebruikt voor onder andere tuinmeubilair, leren tassen en zelfs leuningen voor in de auto', zegt Inger Spee van de marketing- en communicatieafdeling. Alpak en de

Houweling Group verkopen onder meer ook circulaire werkjassen. Die zijn gemaakt uit softshell, een soort polyester dat waterafstotend en ademend is. 'Elke jas heeft een QR-code waarop je kunt aflezen waar de jas gemaakt en geleverd is', legt Inger uit. 'Maar je leest er ook op wat er met de jas gebeurt als hij versleten is. De vezels worden vermalen om er opnieuw jassen van te maken, of een soort planken voor kastjes of banken. De vezels van een circulaire softshellwerkjas kunnen tot wel acht keer worden hergebruikt.'

Het is de bedoeling dat klanten hun versleten werkkleding weer naar Alpak brengen, zodat die correct kan worden aangeboden als grondstof aan verschillende verwerkers en fabrikanten. 'Er wordt nog gewerkt aan een goed inleversysteem', zegt Inger. 'Maar dat komt er zeker.' Want voor gebruikte industriële verpakkingen bijvoorbeeld, heeft Alpak al jaren een retoursysteem. 'Wij halen die verpakkingen op, waarna ze worden gereinigd en gerepareerd voor hergebruik. Veel verpakkingen krijgen zo een tweede, derde en soms vierde leven.'

8 OPGEKNAPT: REFURBISHMENT

Een flinke stap in de richting van een circulaire economie is *refurbishment*. Bij refurbished - letterlijk: gerenoveerde - producten worden onderdelen die niet meer (goed) werken, vervangen door nieuwe onderdelen. Bovendien wordt het hele product technisch nog eens helemaal nagekeken en schoongemaakt. Refurbished producten zijn dus als nieuw, maar een pak goedkoper dan de écht nieuwe variant. Omdat de afgedankte producten niet worden weggegooid maar een tweede leven krijgen als refurbished apparaat, zijn ze dus een milieubewuste keuze. *Refurbishment* wordt vaak toegepast bij smartphones, tablets, laptops ... Maar ook bij machines, en zelfs meubilair. Eigenlijk zijn de toepassingen eindeloos!

NNOF, Vilvoorde

'Oude bureaumeubels grondstof voor nieuwe kantoorinrichting'

Een poefje gemaakt van een oud bureaublad, een kast vertimmerd tot een zitmeubel, houten ladenblokken die lockerkasten worden. Waarom zou jouw oud bureaumeubilair niet kunnen dienen als grondstof voor je nieuwe kantoorinrichting?

NNOF uit Vilvoorde begeleidt klanten bij de circulaire herinrichting of renovatie van hun kantoor. 'We vragen klanten altijd eerst om eens goed na te denken over hun nieuwe inrichting. Wat willen ze? Wat hebben ze nodig? Lange tafels om samen aan projecten te werken? Concentratiehoekjes?' legt Anne Lenaerts, verkoops- en marketingdirecteur, uit. 'Daarna maken we een inventaris van het bestaande kantoormeubilair. Dan bekijken we wat we kunnen recupereren: bovenbladen van bureaus, ijzeren onderstellen, vezelplaten van kasten enzovoort.'

Zo'n *refurbishment*-operatie is financieel rendabel bij grote volumes. 'Voor een onderneming met tien, twintig werkplaatsen zijn refurbished kantoormeubelen even duur of net iets duurder dan nieuwe', geeft Anne toe. 'Maar als je meer werkplaatsen hebt, bespaar je gemakkelijk 20 à 30 procent. Maar of je nu een groot of een klein bedrijf hebt, sowieso is de milieuwinst enorm', zegt Anne Lenaerts. 'Je produceert minder afval, we gebruiken minder nieuwe grondstoffen én er wordt tot 80 procent minder CO_2 verbruikt.'

2 SAMENWERKEN

[Cijfer: Vlaanderen telde 135.710 freelancers in 2019. Daarmee steeg het aantal freelancers met bijna 24 procent in drie jaar tijd. Samen telden Vlaanderen en Brussel in 2019 165.655 freelancers. Dat is 6,3 procent meer dan in 2018.][32]

Alles gaat razendsnel vandaag. De technologische nieuwigheden volgen elkaar op, onze omgeving wordt steeds complexer, gespecialiseerder én dynamischer. Wil je als ondernemer morgen nog meetellen, dan spring je het best vandaag nog op die snelle trein. Maar hoe slaag je daarin? Hoe blijf je als ondernemer bij met de nieuwste technologie als je tegelijk goede medewerkers moet vinden (en houden), de beste machines wilt gebruiken, ecologisch te werk wilt gaan, concurrentieel wilt blijven, je klanten goed wilt bedienen én je boterham wilt verdienen? Door samen te werken! Want je kunt niet overal goed in zijn, toch?

In de volgende hoofdstukken lees je dat je méér kunt door samen te werken met andere talenten. Tegelijk kun je zo risico's, kosten, werkmateriaal of een ruimte delen. En samen is het soms ook eenvoudiger om klanten te vinden of vernieuwingen door te voeren.

Samenwerken is gemakkelijker geworden door de digitalisering. Dat hebben we maar al te goed ondervonden tijdens de coronacrisis. Samenwerken op afstand kan óók, leerden we. Maar toch is samenwerken niet voor iedereen zo vanzelfsprekend. Denk dus eerst goed na of een samenwerking wel past bij jou en je onderneming en, zo ja, welke samenwerking.

Denk dus eerst goed na of een samenwerking wel past bij jou en je onderneming en, zo ja, welke samenwerking.

1 PUZZEL SAMEN TALENT BIJ ELKAAR

Samenwerken kan onder meer door verschillende beroepen, vakmensen of disciplines bij elkaar te brengen. Want in een werkomgeving die steeds gespecialiseerder wordt, kun je als ondernemer niet alle experts op je loonlijst hebben staan. Bovendien heb je die specialisten meestal niet voortdurend nodig. Vaak maar tijdelijk, voor een opdracht of een periode. Als je een beroep wilt doen op talent om tijdelijk 'in te huren', kunnen **freelancers** je vaak helpen. Met flexibele freelancers puzzel je zo een dynamisch team bij elkaar.

WAT IS EEN FREELANCER?

Naar het schijnt, werd het woord 'freelance' voor het eerst gebruikt door Walter Scott (1771-1832) in zijn roman *Ivanhoe*. Hij beschreef in zijn verhaal een middeleeuwse huursoldaat van wie de speer (*lance*) niet toebehoorde aan één landheer. Deze huursoldaat was *free* en stelde zijn *lance* beschikbaar voor geld.[33] Vandaag zijn de speren opgeborgen. Nu ziet UNIZO een freelancer als 'een ondernemer zonder personeel die hoofdzakelijk, maar niet uitsluitend, in een business-to-business (b2b)-context zakelijke diensten verleent op basis van tijdelijke contracten, opdrachten of projecten'.[34]

In welke context ook, freelancers zijn volbloed zelfstandigen die graag autonoom en flexibel werken en dus bewust voor hun statuut kiezen. Dat is het grote verschil met 'schijnzelfstandigen'. Die zijn niet autonoom, maar werken onder het gezag van een werkgever. Ze kiezen dus ook niet bewust voor het zelfstandigenstatuut. Vaak worden ze door hun werkgever gedwongen om te werken als zelfstandige, zodat hij geen sociale bijdragen moet betalen. Het is een vorm van sociale fraude die strafbaar is. Het omgekeerde komt ook voor: iemand die zich in zijn eigen onderneming als werknemer inschrijft om een betere sociale bescherming te hebben, is een 'schijnwerknemer'. Dat is ook sociale fraude, want eigenlijk is hij een zelfstandige.

Vroeger kwam je freelancers vooral in de creatieve sector tegen: fotografen, grafisch vormgevers, muzikanten, kunstenaars ... Maar vandaag vind je ze bijna overal. Ze werken als consultant, informaticus, technicus ... Zelfs in de bouw willen ze graag met freelancers aan de slag. Freelancers zouden een oplossing kunnen zijn voor de grote hoeveelheid vacatures die in die sector maar niet ingevuld raken.[35]

Freelancen zit al enkele jaren in de lift. In Vlaanderen steeg het aantal freelancers met bijna 24 procent in drie jaar tijd: van 109.539 in 2016 naar 135.710 in 2019. Maar liefst 15 procent van de ondernemers freelancet. Freelancers werken ook graag samen met andere freelancers. Zeventig procent werkt geregeld samen met een collega.

Tilda en Grace, Wijgmaal

'Als we samenwerken, is één plus één gelijk aan drie'
Een begrafenisondernemer, acteurs en vertellers, een boekbindster en een beeldend kunstenaar: ze maken allemaal deel uit van het team van 'Tilda en Grace'. 'Als we samenwerken, is één plus één gelijk aan drie', klinkt het.

Veerle Van Schoelant is zaakvoerster van Tilda & Grace. Haar onderneming verzorgt mooie, persoonlijke, integere ceremonies voor belangrijke momenten. 'Denk maar aan begrafenissen, huwelijken, pensioneringen, verjaardagen van bedrijven, overnames, herstructureringen', somt ze op. 'Ik werk daarvoor samen met een heleboel freelancers die elkaar afwisselen. Onder meer een begrafenisondernemer, acteurs en vertellers, een boekbindster en een beeldend kunstenaar.'

Een freelancer uit Veerles 'team' is Inge Van Roosbroek van begrafenisonderneming Gemoedsrust. 'Naast de begrafenissen werk ik ook als freelanceboekbinder', zegt Inge. 'Voor Tilda en Grace maak ik van dat boekbinden een ritueel. Ik vraag vooraf aan alle genodigden om op een A4 een tekstje te schrijven of een foto mee te brengen in het teken van de viering. En dat bind ik dan in tot een mooi souvenir.'

Koen Monserez is nog een andere freelancer. Hij is acteur en regisseur. 'Ik praat de vieringen aan elkaar en geef ze vorm', legt hij uit. Bij elk nieuw project is Veerle het eerste aanspreekpunt. Nadat ze uitgebreid met de klanten heeft gesproken, stelt ze het project voor aan Koen en de andere freelancers. 'Dan komen we een paar keer samen om de aanpak te bespreken', zegt Koen. 'We verzamelen elk wat ideeën en leggen ze bij elkaar. Wat moet zeker aan bod komen? Waar leggen we de nadruk op? Tijdens die momenten komen de beste ideeën naar boven. Dan is één plus één gelijk aan drie.'

Werken met freelancers is een bewuste keuze van Veerle. 'In deze sector is het bijna onmogelijk om werknemers in dienst te nemen. Je weet nooit wanneer het volgende project zich aandient. Iemand vast in dienst nemen, is trouwens onbetaalbaar voor een kleine kmo als Tilda & Grace.'

Je kunt ook talenten laten samenwerken in een of andere **associatie**vorm. Vooral vrije beroepen bundelen vaak hun krachten in een associatie: notarissen, advocaten, accountants, artsen ...

Mudico, Hasselt

'Teamwork is de toekomst'

'Ons team bestaat uit kinderpsychologen, kinderpsychiaters, logopedisten, een auticoach en psychomotorisch therapeuten', vertelt Koen Lowet van groepspraktijk Mudico in Hasselt. 'We hebben een multidisciplinaire aanpak, waardoor we kinderen en jongeren veel beter kunnen begeleiden dan we dat elk afzonderlijk zouden kunnen.'

'Ik was al een tijdje actief als zelfstandig psycholoog toen ik samen met twee vennoten de praktijk Mudico heb opgericht in Hasselt', vertelt Koen Lowet. 'Onze "maatschap" telt intussen zes vennoten, plus vijf collega's die na verloop van tijd waarschijnlijk ook wel vennoot worden.' Mudico is een praktijk voor kinderen en jongeren. 'Ons team bestaat uit kinderpsychologen, kinderpsychiaters, logopedisten, een autismecoach en psychomotorisch therapeuten. We hebben een multidisciplinaire aanpak, waardoor we kinderen en jongeren veel beter kunnen begeleiden en behandelen dan we dat elk afzonderlijk zouden kunnen', zegt Koen. 'Bovendien kun je in zo'n team de werkdruk beter spreiden, al was het mij daar in het begin niet om te doen.'

'Samenwerken is in mijn vak steeds meer de toekomst', denkt Koen. 'Hoewel je nog steeds individueel zult kunnen blijven werken. Zoals bij de behandeling van depressies, bijvoorbeeld. Maar dan nog moet je bruggen blijven bouwen naar collega's. Om een klankbord te hebben, en visies af te toetsen. Ons vak is geen harde wetenschap, hé. Het is niet gezond om alleen maar uit te gaan van je eigen "waarheid".' Echte nadelen aan werken in associatie ziet Koen Lowet niet. 'Je moet meer coördineren en organiseren, dat wel. En afspraken maken met collega's over het delen van lokalen en materialen, bijvoorbeeld. Maar dat loopt heel vlot.'

2 DEEL SAMEN HET RISICO

Samenwerken kan ook door samen de risico's te delen. Want een onderneming opstarten, is altijd een beetje een sprong in het diepe. Je mag dan nog zo goed voorbereid zijn, aan het ondernemerschap zijn risico's verbonden. Financiële risico's, bijvoorbeeld. Maar ook de druk op je privéleven is vaak niet te onderschatten.

Er zijn verschillende manieren van samenwerken waarbij je het risico niet helemaal alleen hoeft te dragen. Franchise, bijvoorbeeld. Een franchise is een manier van samenwerking tussen twee onafhankelijke partners: de franchisegever en franchisenemer. Het is een commerciële formule waarbij de franchisenemer een overeenkomst sluit met de eigenaar van een handelsnaam: de franchisegever. De franchisegever geeft je het recht om tegen betaling een zaak met die handelsnaam uit te baten. Ruim 80 procent van de zaken en winkels in een gemiddelde winkelstraat in België is een franchise.[36]
Als je franchisenemer bent, is de opstart van een eigen zaak een pak minder risicovol, want hoewel je je zelfstandigheid behoudt en je eigen baas bent, kun je meteen een compleet beproefd pakket aan producten of diensten aanbieden en hoef je geen leveranciersnetwerk uit te bouwen. Bovendien geniet je van de naamsbekendheid van de franchisegever en hoef je je niet bezig te houden met taken als marktonderzoek, inkoop, marketing, reclame, prijsbeleid, winkelinrichting ... Dat doet de franchisenemer allemaal.

Maar er zijn ook nadelen.
Je bent minder onafhankelijk. De franchisegever legt heel wat regels op die je moet volgen en bepaalt een heleboel aspecten over producten,

prijzen, de inrichting van je zaak ... De ondernemingsrisico's zijn er ook: je bent verantwoordelijk voor de omzet en de winst, je hebt je eigen verantwoordelijkheid tegenover je klanten en derden, je moet investeren in een pand en een instapvergoeding betalen aan de franchisegever. Bovendien zijn er geen garanties. Het is niet omdat een formule werkt in de ene regio, dat ze ook succesvol zal zijn in jouw regio.

Oil and Vinegar, Brugge en Roeselare

'Voor- en nadelen van franchising goed afwegen'
'Zonder franchising waren we nooit zo succesvol geweest', denkt Benoît Declercq van Oil and Vinegar in Brugge en Roeselare. 'De naamsbekendheid is groot. Maar soms is het jammer dat we zo weinig persoonlijkheid in de winkel kunnen leggen.'

'Ik wilde altijd al iets op mezelf beginnen. Als boekhouder had ik de voor- en nadelen van franchising gezien: je moet de producten niet zelf gaan zoeken, je krijgt ondersteuning en hebt zelf geen beslommeringen meer', vertelt Benoît Declercq. 'Op mijn negenentwintigste trok ik met mijn vrouw naar een franchisingbeurs. Daar kwamen we in contact met Oil and Vinegar. In West-Vlaanderen waren er toen nog geen winkels van. Het concept interesseerde ons, dus zijn we dezelfde avond nog van Brussel naar Leuven gereden om een winkel te bekijken. We waren meteen verkocht.'

'We hebben er nog geen spijt van', zegt Benoît. 'Zonder de franchising waren we nooit zover geraakt. De naambekendheid van onze formule is groot. Doe hetzelfde met een andere naam boven de winkel en het succes zou een pak minder zijn. Je krijgt ook veel ondersteuning. Je moet niet naar beurzen of je krijgt geen vertegenwoordigers over de vloer. Je koopt je producten aan bij de formuleontwikkelaars en huurt van hen een pand. We voelen ons ook nog altijd zelfstandige. We moeten huur betalen, we staan in voor de medewerkers ... Maar we betalen een vergoeding om de naam van de franchisingformule te gebruiken.' Er zijn ook nadelen, geeft Benoît toe. 'Zo kun je je persoonlijkheid niet in de winkel leggen, je verliest voor een stuk je eigenheid. En we kunnen niet zomaar beslissen om andere producten of assortimenten, buiten de formule om, aan te bieden.'

'Mochten we opnieuw beginnen, dan zouden we wel een minder strikt franchisingcontract proberen te bedingen', zegt hij. 'In onze huidige overeenkomst staan heel wat clausules die ons met handen en voeten aan de formuleontwikkelaar binden. Zo is stoppen geen optie, want dan houden we niets over. Dan moeten we onze winkels overlaten. Maar daar denken we nog niet aan, we zijn nog veel te jong.'

Een **samenaankoopgroepering** is ook een manier van samenwerken waarbij je het risico minimaliseert. Een samenaankoopgroepering is een samenwerking waarbij je samen producten aankoopt. Dat is voordelig.

Elektro Ferre, Geel

'Zonder groepering moeilijk om nog te starten in elektro'

'Een samenaankoopgroepering heeft voor- en nadelen', vindt Niel Mols van Elektro Ferre in Geel. 'Je hoeft je van veel zaken niets aan te trekken, en je moet geen magazijn vol zetten met stock. Maar de prijzen zijn wel érg scherp.'

'Zonder groepering is het moeilijk om vandaag in de elektrosector te starten', denkt Niel Mols van Elektro Ferre in Geel. Toen hij de elektrozaak van zijn vader overnam, verbond hij zich meteen aan Excellent. En dat heeft veel voordelen, vindt hij. 'Je moet je van veel zaken niets aantrekken. Van de website bijvoorbeeld: een deel ervan kun je zelf aanpassen, om de site wat eigenheid te geven. Maar alle prijzen van de toestellen beheert Excellent. Ik kan toestellen van de bekende merken rechtstreeks aankopen, maar ik kan ook bij minder verkochte merken terecht tegen gunstige prijzen, net omdat ik Excellent-klant ben.' Ook hoeft Niel zijn magazijn niet vol te zetten met stock. 'Excellent koopt de toestellen aan en ik neem af wat ik nodig heb.'

Naast de voordelen zijn er ook nadelen, vindt Niel. 'Excellent hanteert een specifieke, scherpe prijzenpolitiek op de website. Een concurrentieel imago is belangrijk, maar we moeten er ook nog iets aan verdienen. In onze winkel bieden we een veel persoonlijkere service aan dan op de website. Daar zou in theorie dus ook een andere prijszetting tegenover mogen staan.'

3 DEEL SAMEN DE KOSTEN

De huur, de elektriciteit, je wagenpark, je machines, je kantoormateriaal ... Het zijn serieuze kosten in een onderneming. Maar misschien kun je het gebruik ervan delen met andere bedrijven? En dus ook de kosten delen? Volgens onderzoek werkt de helft van de Vlaamse bedrijven op minstens één domein samen met andere organisaties om middelen - logistiek, energie, machines, gebouwen ... - te delen.[37]

CastingTails en Maité Thijssen, Antwerpen

'We delen de kosten van duur fotomateriaal'
Een Biro-yorkshireterriër voor een reclamefilmpje van een verzekeringsmaatschappij, een beige Britse langhaarkat voor een modespecial of een pluizige cavia voor een campagne van een energieleverancier? Fotografe Maité Thijssen heeft een databank vol fotogenieke dieren. Ze deelt de kosten met een collega.

CastingTails heet Maités modellenbureau in Antwerpen. 'Ik deel al mijn materiaal met een collega en vriendin', vertelt ze. 'Onlangs had ik een geluidloze camera nodig om stills te maken op een filmset. Die stills worden gebruikt voor posters en andere communicatie. Zo'n camera kost al gauw zo'n 4.000 euro, maar mijn collega heeft er zo een. Die mag ik dan lenen.'

'De ene keer koop ik iets, dan koopt zij iets', legt Maité uit. 'Ik heb de kleine softbox voor onze studiolamp gekocht, zij de grote. Dan koop ik een achtergrondrol voor de studio, dan weer zij. We maken er geen afspraken rond, en we houden ook geen cijfers bij. We investeren elk wat we kunnen, en wanneer het ons uitkomt.' En dat werkt goed, zegt Maité. 'Want mijn collega en ik kennen elkaar al heel lang, van in de kunsthumaniora. De samenwerking is vanzelf gegroeid. Ik huur ook een bureau en een studio in haar huis.'

Samenwerken gebeurt wel vaker in de fotografiewereld, stelt Maité vast. 'Fotomateriaal en alles wat erbij komt kijken, is heel erg duur. Alleen al een studio huren, kost soms tot 250 euro per dag. Je moet al erg grote klanten hebben om die prijs te kunnen doorrekenen. En je hebt ook niet elke dag die specifieke lens nodig. Dan is het gewoon slimmer om te delen.'

4 DEEL SAMEN DE RUIMTE

Corona heeft ons met z'n allen doen thuiswerken. En omdat we daar de voordelen van hebben ingezien, wordt verwacht dat we het in de toekomst vaker zullen doen.

De techniek laat ons toe om makkelijk digitaal met collega's samen te werken, elk op hun eigen plek. Videobellen via Skype, Microsoft Teams, Zoom ... is handig én bespaart je tijd, omdat je je niet moet verplaatsen.

Toch is thuiswerken niet altijd je van het. Omdat huisgenoten je afleiden of je het misschien net erg eenzaam vindt, zo in je eentje. Wie toch niet voltijds naar het bedrijf terug wil, kan het thuiskantoor afwisselen met een ***coworking*-ruimte**.

In coworkingruimtes werken mensen die niet noodzakelijk tot dezelfde onderneming behoren: zelfstandigen, freelancers, thuiswerkers, werknemers die veel onderweg zijn ... De coworkingruimtes schieten als paddenstoelen uit de grond. Soms liggen ze centraal in de stad of langs een uitvalsweg, soms tussen de bomen in de natuur. Bepaalde zijn eenvoudig ingericht, andere zien er dan weer razend hip uit. De ene coworkingruimte houdt het basic, de andere is een uitgebreide werkplek met onthaal, vergaderzalen, parking en bedrijfsrestaurant. Maar wifi en koffie hebben ze allemaal.

> *De coworkingruimtes schieten als paddenstoelen uit de grond.*

Heb je in jouw onderneming nog een kantoor over? Een vergaderzaal of een andere ongebruikte werkplek? Dan kun je die misschien verhuren. Niet alleen brengen die lege ruimtes zo nog een centje op, door de deuren van je onderneming open te gooien, leer je nieuwe mensen kennen. Mensen uit een andere business, of met een ander talent dat jou of je team kan inspireren. Zo maak je van je eigen onderneming een netwerkplek. En wie weet, groeien er nog andere samenwerkingen uit voort!

Otomat, Antwerpen

'Gezellig maar ook productief'
Otomat, met vestigingen in Antwerpen, Gent, Brugge, Leuven en Brussel, noemt zich méér dan een pizzarestaurant. 'We zijn een *sharing concept*', zegt medeoprichter Yannick Berkvens. 'Bij ons deel je gezellige momenten samen. Met een goed glas bier of wijn, en een hemelse pizza.' Een kantoor delen, doen ze bij Otomat ook.

Otomat huurt een kantoor in Pakt, een gerenoveerd industrieel pand in Antwerpen dat behalve restaurants, cafés en koffiebars, ook ondernemers en creatievelingen huisvest. 'Daar delen we een verdieping met twee onderlinge zusterbedrijven, True en Real', legt Yannick uit. 'True is een communicatie- en marketingbedrijf met klanten uit de gastronomische sector in de brede zin van het woord. Real neemt de inrichting van die zaken op zich. We zijn met z'n drieën in Pakt ingetrokken, omdat het enorm handig is. Vroeger werkten we ook al samen, maar hadden we elk ons kantoor aan de andere kant van de stad. We verloren veel tijd met heen-en-weerrijden.'

Dat coworken gaat goed, zegt Yannick. 'We werken wel apart, maar we blijven erg goed op de hoogte van elkaar. Ideeën uitwisselen, gebeurt nu veel informeler en spontaner. Vroeger moesten we er elke keer een vergadering voor organiseren. Nu praten we aan de koffiemachine, of 's middags tijdens de lunch. We zitten dan samen aan één grote, houten tafel. Soms kookt iemand voor de hele bende, en soms gaat iemand pistolets halen voor iedereen. Dat is gezellig, ja. Maar óók productief.'

5 ZOEK SAMEN NAAR KLANTEN

Samen op zoek gaan naar klanten, is ook een interessante manier van samenwerken. Want als ondernemer moet je uit je pijp komen. Je producten of diensten mogen nog zo goed zijn, ze verkopen zichzelf niet. Klanten of opdrachtgevers komen zelden aangewaaid. Samenwerken met andere ondernemers kan helpen om klanten jouw richting uit te sturen. Of om op z'n minst jouw product of dienst bekend te maken bij het juiste doelpubliek.

Pop-upwinkels zijn vaak voorbeelden van mooie samenwerkingen. Verschillende handelaars huren samen een tijdelijke winkelruimte om er hun uiteenlopende producten aan te bieden. Iemand verkoopt geurkaarsen, iemand wenskaarten en iemand interieurspulletjes, bijvoorbeeld. Samen vullen ze elkaar aan én versterken ze elkaar. En zo hebben ze een aantrekkelijke winkel, waar de consument graag binnenstapt. Bovendien kunnen ze ook nog eens de huurprijs van het pand delen.

Als je wilt dat het juiste doelpubliek jouw product of dienst leert kennen, helpt **netwerken**. Er bestaan netwerkevenementen in allerlei vormen. Sommige zijn gratis en vrijblijvend, andere vragen lidgeld en flink wat inzet. Op die bijeenkomsten ontmoet je potentiële partners, klanten of interessante dienstverleners. Je leert er ook andere ondernemers kennen, met wie je tips en ervaringen kunt uitwisselen.

UNIZO organiseert een heleboel netwerkevenementen voor ondernemers. Sommige zijn specifiek gericht op bijvoorbeeld freelancers of bedrijfsleiders.

Ook **via sociale media** kun je prima netwerken. Professionaliseer je pagina op LinkedIn, toon je expertise, laat er geregeld zien waar je mee bezig bent en leg er nieuwe contacten. Ook Facebook en Instagram kun je daarvoor gebruiken.

PODCAST

Suyin Aerts, zaakvoerster van mediabedrijf Suyin.be
'Netwerken helpt om sneller je dromen te realiseren'
Van prima ballerina tot actrice, journaliste, presentatrice, moderatrice en enthousiaste onderneemster: Suyin Aerts uit Zaventem is van vele markten thuis, én ervan overtuigd dat achter elke hoek een interessante ontmoeting loert. Netwerken is dan ook o zo belangrijk, vindt ze. 'Want het helpt je om sneller je dromen waar te maken.' Suyin behaalde in 2019 de WinTrade Award voor 'Women in Media'.

https://online.ondernemersacademie.be

ZaP International Trade, Lochristi

'Door te luisteren naar andere ondernemers doe je ideeën op'
'Als ondernemer moet je altijd je oren en ogen openhouden', vindt Kaat Baertsoen van ZaP International Trade uit Lochristi. 'Sluit je niet op, want buiten liggen de ideeën en kansen. Ga netwerken!'

Een palmenveld voor *Rogue One: A Star Wars Story*, vrachtwagens vol lianen, mos en klimplanten voor een tempel in *Pirates of the Caribbean IV* of een lading blauwe salvia's die onmiddellijk naar de set moet worden gevlogen: ZaP, het bedrijf van Kaat, haar echtgenoot Luc en zoon Jasper, levert het groene decor voor de Europese filmsets van de grote Hollywoodproducties. Ze vervullen die opdrachten in onderaanneming voor een Brits bedrijf dat gespecialiseerd is in planten voor filmsets en groendecoratie.

Een heel bijzondere en internationale business, maar toch leert Kaat graag andere en lokale ondernemers kennen. Die ontmoet ze via de netwerkevenementen van UNIZO. 'Toen Luc en ik 25 jaar geleden met onze zaak begonnen, kenden we nauwelijks andere zelfstandigen', herinnert ze zich. 'Tegelijk begrepen onze vrienden niet altijd goed dat we wéér eens niet naar een feestje kwamen, omdat we nog een belangrijke levering moesten afwerken. Ze hadden geen idee wat het is om een bedrijf te hebben.'

Gelijkgestemde zielen vond Kaat pas later, tijdens een cursus *Ondernemers voor ondernemers* van UNIZO. 'Je zit er met allemaal zaakvoerders bij elkaar. Voor je 't weet, praat je over van alles wat je zakelijk en ook als mens bezighoudt. En omdat je hoort hoe anderen het aanpakken, steek je veel van elkaar op.'

Op zo'n evenementen ontmoet je ondernemers uit verschillende sectoren. 'Heel verfrissend', vindt Kaat. 'Want of je nu in planten doet, zoals wij, of in wat anders: je hebt veel met elkaar gemeen. Zo zijn we allemaal bezig met klantgerichtheid of personeelsbeleid. Maar elke ondernemer doet het anders. Door te luisteren naar hun verhalen, leer je out of the box denken', zegt Kaat. 'En je doet zotte ideeën op. Die komen wel eens van pas als je een filmploeg aan de juiste planten moet helpen', lacht ze.

Intussen is Kaat voorzitster van de plaatselijke UNIZO-vereniging in Lochristi. 'Ondernemers samenbrengen, daar gaat het ons om', zegt ze. 'Als we met elkaar zaken kunnen doen, is dat mooi meegenomen. Maar dat is niet onze eerste doelstelling. Wél willen we elkaar inspireren, helpen en energie geven. Want ondernemen doe je niet alleen. Soms heb je advies van een professional nodig, dat is waar. Maar het hoeft niet altijd geld te kosten. In bepaalde gevallen ben je al geholpen met een goede tip van een andere ondernemer.'

6 ZOEK SAMEN NAAR NIEUWIGHEDEN

Ondernemers kunnen ook samenwerken om nieuwigheden te bedenken, om te innoveren. Een succesvolle ondernemer is voortdurend op zoek naar innovaties die zijn bedrijf anders, leuker of beter maken dan dat van zijn concurrenten. Want als je de concurrentie een stap vóór wilt blijven, moet je vernieuwend zijn. Je hoeft daarom niet altijd te investeren in dure spitstechnologie. Het 'nieuwe' zit 'm soms ook in kleine, goedkope ingrepen.

Een succesvolle ondernemer is voortdurend op zoek naar innovaties die zijn bedrijf anders, leuker of beter maken dan dat van zijn concurrenten.

Hoe dan ook, vernieuwen doe je niet alleen. Het lukt beter als je samenwerkt met slimme, creatieve partners. Waarom zouden die partners niet je **klanten of je leveranciers** kunnen zijn? Vraag hen naar hun mening als je nieuwe producten of diensten ontwikkelt. Wat ontbreekt volgens hen? Wat kan anders en beter?

Soms dwingen onverwachte omstandigheden ondernemers om creatief te zijn en mogelijk zelfs het roer totaal om te gooien. In de coronacrisis hebben bijvoorbeeld heel wat zaakvoerders getoond hoe wendbaar ze kunnen zijn, als het moet!

Virusstop, The Lab, The Streetfood Company, Gent

'Door corona zijn we met iets nieuws begonnen. Óók spannend'
Echte ondernemers ruiken een goede opportuniteit van ver. Zo ook Hendrik en Laurent Ardenois. Toen ze maar geen betaalbare ontsmettingsproducten vonden om hun cateringzaak coronaproof te maken, beslisten ze die zélf te verkopen. De webshop Virusstop.be was geboren. 'Goedkoper én *made in Belgium*.'

Vóór het coronavirus toesloeg, hadden de broers Ardenois een succesvol cateringbedrijf. The Streetfood Company verzorgde lekkers voor bedrijfs- en familiefeesten. Later huurden ze een oude industriële site nabij Gent, een oud testlabo van een textielbedrijf. Dat werd niet alleen de nieuwe opslagplaats voor The Streetfood Company, maar ook een locatie voor feesten en andere evenementen: The Labo. Het bedrijf had de wind in de zeilen, de broers hadden acht vaste medewerkers in dienst en zouden er nog meer aanwerven.

Maar toen sloeg corona toe en was het uit met het feest. 'Dus zijn we een meeneem- en leveringsformule gestart, met aangepaste gerechten', vertellen ze. 'Eerst voor particulieren, daarna ook met lunches voor bedrijven.'

Toch moesten Laurent en Hendrik op zoek naar nog een andere bron van inkomsten, om de zware verliezen te beperken. Want vaste kosten lopen door: de huur, energie, de personeelskosten ...

'Terwijl we uitzochten hoe we onze catering en feestzaal coronaproof konden maken, ontdekten we dat contactloze dispensers, om handen te desinfecteren, wel érg prijzig waren op de markt. En dat ontsmettingsproducten soms pas tegen het einde van het jaar geleverd konden worden. Vandaar ons idee: laten we via onze contacten zelf voor die producten zorgen. De vraag zal alleen maar toenemen, als iedereen heropstart.'

De broers gingen aan de slag: met eenvoudige materialen uit de eventsector maakten ze stijlvolle displays voor bedrijven, winkels en horeca. Er is ook een eenvoudigere kartonnen versie voor scholen of overheidsgebouwen. Virusstop, zoals de nieuwe bedrijfstak heet, pakt bovendien uit met plexiglasschermen, signalisatiestickers, contactloze thermometers, handschoenen en mondmaskers. 'Al die producten lanceerden we via een webshop die we in één nacht tijd in elkaar boksten. Promotie voeren we vooral via Facebook.'

Toch zien Laurent en Hendrik Virusstop niet als een tijdelijke bezigheid. 'Die hygiëne- en afstandsregels blijven in de toekomst', geloven ze. 'Voor Virusstop hebben we zelfs een aparte vennootschap opgericht, met twee nieuwe partners.' Corona geeft hen nu dus een dubbel gevoel. 'Door het virus zit ons bedrijf in de problemen. Maar tegelijk zijn we door corona weer met iets nieuws begonnen, en dat is óók spannend.'

Samenwerken met de **'bedenkers' van nieuwigheden** kan natuurlijk ook: de onderzoeksinstituten, de universiteiten, de hogescholen, de experts ... De KU Leuven bijvoorbeeld, brengt heel wat spin-offs voort en doet samen met de industrie aan onderzoek. De internationale nieuwsdienst Reuters benoemde de KU Leuven in 2019 tot de meest innovatieve universiteit van Europa en de zevende van de wereld.[38]

Filliers Distillery, Deinze

‘Ons steentje bijdragen om de pandemie in te dijken’

In volle coronacrisis besliste graanstokerij Filliers Distillery in Deinze om ontsmettende handgel te produceren voor ziekenhuizen. Daarvoor werkte ze samen met Janssen Pharmaceutica en Tereos.

In hun graanstokerij in Deinze ontwikkelt en produceert Filliers Distillery gedistilleerde producten zoals jenevers, gins en whisky. Maar de alcohol die de stokerij vervaardigt, kan voor nog veel meer dan alleen geestrijke dranken worden gebruikt. Je kunt er ook ontsmettende handgel mee maken, bijvoorbeeld.

De coronacrisis zorgde voor een massale stormloop op die handgels. In no time zaten de apothekers zonder. ‘Al heel snel kregen we van de regering de toestemming om alcohol voor de apothekers te produceren’, vertelt CEO Bart Cnudde. ‘We hadden die toestemming nodig, want de productie van alcohol valt onder de strenge regels van de Algemene Administratie van de Douane en Accijnzen.’

Ook de ziekenhuizen zaten al snel door hun voorraad ontsmettende handgel heen. ‘Toen de universitaire ziekenhuizen van Gent en Leuven ons vroegen om handgel te maken, hebben we geen seconde getwijfeld’, zegt Bart. ‘We hebben dat gratis gedaan, om hen uit de nood te helpen. De ontsmettende handgel die op de wereldmarkt te koop was, bleek immers schandalig duur. De een zijn dood is de ander zijn brood, blijkbaar. Dat konden we niet laten gebeuren.’

Voor de handgels werkte Filliers Distillery samen met Tereos en Janssen Pharmaceutica. Tereos leverde de bio-ethanol, Janssen Pharmaceutica de waterstofperoxide en glycerine. Filliers Distillery vermengde de grondstoffen en kon zo 50.000 liter meteen bruikbare ontsmettende handgel leveren aan het UZ Gent en het UZ Leuven, die het product verder verdeelden naar de andere Belgische ziekenhuizen.

Toen de bedrijven en winkels geleidelijk weer mochten opstarten, was er nóg meer nood aan handgels. ‘We kregen van de regering een tijdelijk vergunning om handgels te maken voor ondernemers en verenigingen. Die handgels worden geproduceerd uit de zuiverste graanalcohol en verkopen we tegen heel democratische prijzen.’

Zelf heeft Filliers Distillery, net als zoveel bedrijven, flinke klappen gekregen door corona. 'Meer dan de helft van de alcoholische dranken wordt verkocht buiten de retail, in de horeca en op evenementen', legt Bart Cnudde uit. 'En die lagen wekenlang plat. We hebben dus ook veel verlies geleden. De handgels produceren helpt een klein beetje om dat goed te maken. Maar we doen het niet daarom. We willen ons steentje bijdragen om deze pandemie in te dijken.'

De Vlaamse overheid steunt het samenwerken met kennisinstellingen, onder meer door haar clusterbeleid. **Clusters** zijn netwerken van ondernemingen, kennisinstellingen en experts die hun krachten bundelen rond een bepaald thema. Zo zijn er clusters voor de voedingsverwerkende industrie, voor de chemie- en kunststofsector, voor duurzame economie op de Noordzee ...[39] In bepaalde gevallen kunnen clusters subsidies krijgen van VLAIO, het Vlaams Agentschap Innoveren & Ondernemen.[40]

Comate, Leuven

'Samen met universiteiten komen we tot mooie dingen'
'Eigenlijk zijn we professionele uitvinders', zegt Sander Van den dries, directeur van Comate, een ingenieurs- en ontwerpersbureau in Leuven. 'We ontwikkelen producten voor bedrijven in alle mogelijke sectoren. Dat kan gaan van een sneeuwruimrobot of een instrument voor een chirurg tot een toestel om smoothies te maken.'

Bij Comate begint alles met een idee, een vraag of een probleem. 'En dan beginnen wij te brainstormen en te ontwerpen. Tot we een product hebben dat echt bruikbaar is en in de markt kan worden gezet', vertelt Sander. Comate werkt veel samen met universiteiten. 'Zowel met de KU Leuven, de UGent, de UAntwerpen als de VUB', zegt Sander. 'Aan de universiteit zit kennis die wij niet in huis hebben. Stel: een klant vindt dat zijn generator te veel lawaai maakt en wil er een akoestische behuizing voor. Wij kunnen dat wel ontwerpen, maar de specifieke akoestische expertise hebben we niet. Aan de universiteit zitten een heleboel akoestisch specialisten, die helpen ons daarbij.'

Omgekeerd doen de universiteiten ook een beroep op de ontwerpers en ingenieurs van Comate. 'Aan de universiteit gebeuren fantastische onderzoeken met veelbelovende resultaten. Maar academici ontwikkelen in een laboratorium. Het blijft theorie. Er gaapt een groot gat tussen een theoretisch ontwerp en het maken van een product dat klaar is om te worden gecommercialiseerd. Dat gat vullen wij op.'

Samen met de kennisinstellingen komt Comate tot mooie dingen. 'Onderzoekers van de MeBioS Biosensor-groep aan de KU Leuven hadden een technologie met een goudgecoate fiber ontwikkeld', vertelt Sander. 'Die kan moleculaire interacties goedkoper en tien keer sneller meten dan de bestaande technieken. Beloftevolle resultaten, dus. Alleen is zo'n techniek pas commercialiseerbaar als je een toestel hebt dat dat allemaal automatisch doet. De onderzoekers hebben geen elektromechanische kennis, zij weten dus niet hoe ze zo'n toestel moeten ontwerpen.' Comate wel. 'Wij vormden hun ontwikkelingsafdeling. We maakten eerst een virtueel model om eerste klanten en investeerders te overtuigen. Daarna konden we het volledige toestel ontwikkelen tot een marktklaar model.'

7 BEZIN VOOR JE BEGINT

Samenwerken biedt heel wat voordelen. Je kunt de kosten of een werkruimte delen, je hoeft de risico's niet in je eentje te dragen, je kunt samen op zoek gaan naar klanten of naar innovaties ... Toch is samenwerken niet voor iedereen weggelegd. Vóór je je in een samenwerkingsavontuur stort, denk je dus het best eens goed na.

De eerste vraag die je je moet stellen is: 'Is samenwerken wel iets voor mij?' Ben je gemotiveerd genoeg om er samen iets van te maken? Ben je bereid om compromissen te sluiten? Ben je flexibel? Assertief genoeg? En tegelijk sensitief genoeg om aan te voelen wat de ander denkt of bedoelt?[41] Om daar achter te komen, kun je bijvoorbeeld ondernemerscoaching volgen. Liantis biedt dit aan voor zelfstandigen, vrijeberoepers en kmo-bedrijfsleiders. De coaching bestaat uit individuele gesprekken helemaal afgestemd op je situatie. Na afloop heb je een concreet plan klaar, om je zaak te transformeren in een constructieve en duurzame organisatie.[42]

Op welke manier je wilt samenwerken, daar kun jij alleen op antwoorden. Maar hier zijn toch wat tips.

- Wacht niet te lang. Hoe je ook samenwerkt, je zult altijd water bij de wijn moeten doen. En soms is samenwerking de enige manier om je onderneming boven water te houden. Stel je beslissing dus niet te lang uit en hak de knoop door voor het te laat is.
- Win informatie in. Leg je oor te luisteren bij collega's, ga eens kijken bij bedrijven in je sector die al samenwerken, pols eens bij klanten naar wat zij vinden over sommige samenwerkingsformules.
- En vooral: laat de contracten analyseren. Teken nooit zomaar een samenwerkingscontract, maar laat het vooraf grondig doorlichten door een jurist. Dan weet je goed waar je aan toe bent en kom je niet voor verrassingen te staan.

3 KOPEN VANDAAG

De consument van vandaag is wispelturig. Het ene moment wil hij snel shoppen op het internet, het andere wil hij kuieren langs gezellige winkelstraten. De ene keer wil hij goedkoop en snel afhandelen, de andere keer zoekt hij uitgebreid advies. Voor sommige aankopen vindt hij zijn gading in de ketenwinkel. Voor andere zoekt hij dan weer een authentiek boetiekje op, en doet hij aan 'winkelhieren' (lokaal shoppen). En betalen, dat doet hij steeds minder met zijn bankkaart. Want de app op zijn smartphone is handiger en sneller.

Maar tijdens de corona-lockdown in maart-april-mei 2020 had de consument opeens géén keuze meer. Voor goederen die je niet elke dag nodig hebt, was online kopen plots nog de enige mogelijkheid. Want alleen voedingswinkels, supermarkten en apotheken waren open.

Handelaars die niet via het internet verkochten, of daar niet snel mee begonnen, verkochten dus niets. Er wordt al lang gezegd dat wie niet online aanwezig is, weinig toekomst heeft als ondernemer. Van de ene dag op de andere werd dat de bikkelharde realiteit.

Om aan e-commerce te doen, hoef je dus niet per se meteen een uitgebreide webshop op te zetten.

Zelfstandige ondernemers kunnen snel en vernieuwend reageren op veranderende omstandigheden, en velen deden dat gelukkig ook. Volgens een bevraging van UNIZO startte 50 procent van de zelfstandige handelaars tijdens de lockdown met een nieuw online verkoopkanaal. De populairste nieuwe kanalen waren verkoop via e-mail (49 procent), sociale media (47 procent), telefoon (38 procent) en een webshop (29 procent). Om aan e-commerce te doen, hoef je dus niet per se meteen een uitgebreide webshop op te zetten. Je kunt verschillende verkoopkanalen op een laagdrempelige manier opstarten en combineren.

Na de lockdown gaf 85 procent van deze handelaars aan dat ze de nieuw opgezette verkoopkanalen zou verderzetten. De coronacrisis zorgde zo voor een inhaalbeweging bij zelfstandige handelaars, op het vlak van e-commerce.

Toch moet je als winkelier opletten dat je niet te veel hooi op je vork neemt. Een fysieke winkel combineren met onlineverkoop is best pittig. Naast het 'gewone' werk in de winkel moet je je webshop, Facebook- of Instagrampagina verzorgen, je bestellingen opvolgen, pakjes maken en versturen, retours verwerken ... Maar met de ervaringen die je hebt opgedaan tijdens de lockdown, is het misschien wel het moment om je businessplan te herbekijken?

Lingerie in a box, Ekeren

'Corona heeft ons aangezet om nieuwe dingen te doen'
Toen Inge Roels pas begon, verkocht ze lingerie aan vriendinnen en vriendinnen-van-vriendinnen. Ze verpakte de lingerie in dozen en noemde haar zaak 'Lingerie in a box'. Later startte ze met haar echtgenoot Patrick twee lingeriewinkels op en verdwenen de dozen. Maar de naam bleef. Al goed, want die dozen kwamen tijdens de coronacrisis goed van pas.

Met internet zijn Inge en Patrick nooit echt bezig geweest. 'We waren nooit helemaal tevreden met de website en het kostte ons te veel geld en inspanning voor wat we ervoor terugkregen', vertelt Inge. 'Bovendien hadden we het internet niet nodig. De lingeriewinkels draaiden goed.'

Maar toen brak de coronacrisis uit. 'Van de ene dag op de andere gingen onze winkels dicht en hadden we geen inkomen meer', zegt Inge. 'Het was een heel angstige periode. Maar toen kwamen we met het idee om opnieuw iets met dozen te doen: we zouden lingeriepakketjes aan huis leveren. Klanten vullen een vragenlijstje in met hun maat, voorkeuren en eventueel omtrek. Dan vul ik een doos met een twintigtal stuks, die de klanten thuis kunnen passen. Wat niet goed is, halen we weer op.'

Het idee werd gelanceerd op de website en al gauw volgden een Facebook- en Instagrampagina. 'Berichten posten, filmpjes maken: ik heb het allemaal geleerd', zegt Inge trots.

De lingeriedozen bleken een schot in de roos. 'Mijn klanten waren meteen dolenthousiast. En omdat ze het verder vertellen en sharen en liken, kreeg ik er ook een heleboel nieuwe klanten bij. Zo hebben we in volle lockdown toch een maand aan omzet gerecupereerd.'

Het ging zo goed dat Inge en Patrick beslisten om de lingeriedozen te blijven leveren, ook toen hun winkels weer opengingen. 'Het is hard werken, ja', geeft ze toe. 'Maar dit is onze passie, we doen dit graag! We zijn ondernemers, en ondernemers zijn vechters. De coronacrisis heeft ons veel geleerd en ons aangezet om nieuwe dingen te doen die we anders nooit zouden hebben gedaan. Want verandering is vermoeiend, hé', lacht ze. 'Maar als het resultaat van die verandering goed is, geeft het een zalig gevoel.'

Sowieso wachten de winkeliers flink wat uitdagingen, nu hun zaken weer open zijn. Zo moeten ze er niet alleen voor zorgen dat hun klanten veilig kunnen winkelen, ze moeten ook zoeken naar manieren om hen – ondanks de strenge veiligheidsvoorschriften – een fijne winkelbeleving te bezorgen. Tegelijk moeten ze oplossingen vinden om de klanten te bedienen die nog niet naar de winkel durven te komen, én een nieuw evenwicht zoeken tussen de 'winkelklanten' en de 'onlineklanten'. Bovendien moeten handelaars voorbereid zijn, mocht er straks een nieuwe pandemie voor de deur staan ...

In de retailwereld, net zoals overal, volgen de ontwikkelingen elkaar snel op. Gelukkig bieden die grillige consumenten ook veel boeiende kansen voor de ondernemers. In dit hoofdstuk stellen we de drie voornaamste trends in de retail voor, en leggen we uit hoe de handelaar er creatief mee aan de slag kan. De nieuwste betaalmogelijkheden voor de klant belichten we ook.

1 DRIE TRENDS OM NIET TE MISSEN

In het retaillandschap tekenen zich drie grote tendensen af.

BELEVING IS TROEF!

'Beleving' lijkt wel het toverwoord vandaag. Maar wat houdt het in? Beleving betekent dat de klant, als hij de winkeldeur openduwt, aangenaam verrast wordt. Door een knappe winkelinrichting bijvoorbeeld, een originele etalage of een apart productgamma. Maar ook door de vriendelijke ontvangst of het professionele advies van de medewerkers. De klant die beleving zoekt, wil geen uitgestalde producten zien. Hij wil iets bijzonders zien, proeven, ruiken, voelen, horen. Zijn vijf zintuigen moeten geprikkeld worden.

> *Deze winkel is een plek die hem verwent, bedient, emotioneert, inspireert, fascineert en boeit.*

De belevingswinkel is geen plek waar de klant alleen maar 'iets koopt': praktisch en functioneel. Deze winkel is een plek die hem verwent, bedient, emotioneert, inspireert, fascineert en boeit. Het is een plek waar wat te beleven valt. Daar hoort ook een persoonlijke, vriendelijke en vakkundige service bij. In deze winkel zijn er geen 'verkopers' meer. Hier vind je medewerkers die de klant 'helpen kopen'.

De troeven van de belevingswinkel kun je als retailer blijven inzetten, zelfs al blijft de anderhalvemeter-economie nog een tijd de norm. Digitale oplossingen zijn bijvoorbeeld een manier om je fysieke winkel nog sterker te maken. Met slimme schermen, digitale klantentellingen, gezichtsherkenning, robots, 3D-toepassingen ... kun je nog beter inspelen op de noden van de klant en zorg je voor nog meer beleving.

La Bottega, Hasselt

‘Spreek de klanten aan, doe een babbeltje en maak fans!’
Niks doen is geen optie, besefte Karine Vally, toen ze tijdens de coronacrisis haar winkel moest sluiten. La Bottega zat propvol stock, en die moest de deur uit.

Wie precies de belevingswinkel heeft uitgevonden, weet niemand exact. Maar misschien was het Karine Vally van La Bottega in Hasselt wel. ‘Het is organisch gegroeid’, zegt ze zelf. ‘Van een piepklein schoenwinkeltje tot, tja, wát eigenlijk?’, lacht ze. ‘We verkopen kleding, schoenen en lifestyle, en we hebben ook een bistro met gezonde gerechten. We zitten in een prachtig pand, de oude jeneverstokerij van Smeets, en dat bepaalt ook heel erg mee de sfeer van La Bottega.’

Maar toen, in maart 2020, ging de lockdown in. ‘We zijn heel inventief geweest in die periode’, vertelt Karine. ‘Eerst hadden we een drive-in: klanten konden bijvoorbeeld hun schoenen met de auto komen ophalen. Dat werkte heel goed, en we haalden er zelfs de krant mee. Maar toen floot de overheid ons terug: takeaway mocht blijkbaar alleen voor de horeca.’

Daarop bedachten Karine en haar team de livestreams: op Facebook postten ze drie keer per week een filmpje met kledingadvies. ‘We werkten met thema’s: hoe kleed je je stijlvol als je niet de perfecte maten hebt? Hoe combineer je pasteltinten? Het was een enorm succes, onze webshop verkocht vijf keer zoveel als voor de coronacrisis.’

De verkoop van kinderschoenen boomde ook. ‘We hebben enorm ingezet op de onlineverkoop en legden klanten uit hoe ze de voetjes van hun kind moesten meten. Want de kinderen hadden schoenen nodig! Het loonde, we verkochten praktisch evenveel schoenen als in dezelfde maand vorig jaar.’

Nu de webshop zo goed boert, stelt Karine een ander probleem vast. ‘De webshop is eigenlijk aan vernieuwing toe. Maar dat is zo duur! Dan voel je je opeens zo klein, naast de grote retailreuzen als Zalando en Amazon.’ Karine droomt al over een creatieve oplossing. ‘Misschien moeten we samenwerken met andere gelijkgestemde, kleine retailers? Misschien kunnen we samen een mooie webshop maken, die de concurrentie met de grote spelers aankan?’

Stilzitten is niet aan Karine besteed. En dat geeft ze ook aan haar medewerkers mee, die op anderhalve meter en met mondmaskers een mooie winkelbeleving aan de klanten moeten bezorgen. 'Ze mogen er niet zomaar stáán, vind ik. Ik wil dat ze de klanten aanspreken, een babbeltje met hen doen. 'Zorg voor energie en sfeer', zeg ik. 'En maak fans! Zodat klanten, als ze buitenstappen, denken: wauw, wat een fijne winkel is die La Bottega!'

DE GEÇONNECTEERDE EN GEÏNFORMEERDE CONSUMENT

Amper 6 procent van de Belgische bevolking gebruikt géén internet. De overige 94 procent dus wél.[43] Allemaal zijn het consumenten die googelen, appen, facebooken of instagrammen. Een grote groep van deze consumenten heeft het nooit anders geweten. Zij groeiden op met internet, mobiele telefoons en touchscreens. Digitale toestellen en technologieën maken deel uit van hun bestaan. En waar ze ook gaan, ze zijn overal en altijd online.

Die voortdurende verbinding met het internet maakt van de moderne consument een goed geïnformeerde expert. Hij weet wat er te koop is, waar en tegen welke prijs. Als je een moderne ondernemer bent, speel je daarop in. Via je website, je webshop, sociale media en nieuwe technologieën zoals mobiele apps zorg je ervoor dat (potentiële) klanten relevante informatie krijgen over je producten en diensten, dat ze inspiratie opdoen en dat de zichtbaarheid van je merk optimaal is. Als je vandaag niet op het internet te vinden bent, weet dan dat je voor een hele groep consumenten niet eens bestáát. Een website of een Facebookpagina met je algemene bedrijfsinfo en openingstijden, zijn echt wel een minimum.

OP ZOEK NAAR AUTHENTICITEIT

Of je nu gaat shoppen in Antwerpen, Gent, Hasselt, Leuven, Brussel of Mechelen: overal lijken de grote winkelstraten op elkaar. Overal vind je dezelfde winkelketens terug, met een bijna identiek aanbod. Maar de hedendaagse consument heeft het gehad met de voorspelbare ketens. Hij ontdekt graag authentieke winkels die net iets anders zijn en shopt graag bij lokale handelaars.

Wil je als ondernemer op die kar springen, onderscheid je dan van de eenheidsworst. Bied unieke producten of diensten aan, verzin originele acties, blink uit in excellent vakmanschap, speel je troeven uit als 'winkelhier' ... en denk out of the box.

Ook online kun je authenticiteit uitstralen. Nu de consument meer dan ooit op het internet winkelt en er op zoek gaat naar inspiratie, wil hij ook weten wie er precies achter die fraaie website of -shop zit. Vertel er dus je verhaal: vertel wie je bent, wat de geschiedenis van je bedrijf is, stel je team voor, geef een blik achter de schermen ... Dat wekt vertrouwen bij je (toekomstige) klanten.

PODCAST

Bertrand Pouseele van Eengoedbed.be en Het Woonhuis
Hoe vindt een lokale retailer zich opnieuw uit?

'Hou je oren en ogen open, reageer, innoveer, verras en blijf verrast.' Dat zijn de tips voor de lokale retailer van vandaag die Bertrand Pouseele van Eengoedbed.be en Het Woonhuis in Poperinge meegeeft. Bertrand komt uit een ondernemersgeslacht, maar de retail is niet meer wat ze was in de tijd van zijn ouders en grootouders. Toch heeft de lokale retailer een toekomst in de gedigitaliseerde en geglobaliseerde wereld, vindt Bertrand.

https://online.ondernemersacademie.be

2 WELKE KOERS VAAR JE ALS HANDELAAR?

Nu je weet welke de drie grote trends zijn in de retail, moet je als handelaar bepalen welke richting je uit wilt. We geven je een aantal tips, als inspiratie.

MAAK KEUZES

Je kunt niet alles aanbieden voor iedereen. Als handelaar moet je duidelijke keuzes maken als je je wilt onderscheiden van de concurrentie. Je kunt je specialiseren in een beperkt gamma, in een niche of je kunt je richten tot een beperkte doelgroep.

Conceptstores zijn een mooi voorbeeld van zo'n duidelijke keuze. Ze bieden een totaalassortiment aan voor een specifieke doelgroep en maken een combinatie van verschillende functies onder één dak: horeca, detailhandel, diensten, ontspanning ... Soms werken ze daarvoor samen met andere ondernemers. Je kunt ook alles inzetten op kwaliteit, en je klanten een unieke en persoonlijke koopervaring aanbieden. Hierin passen de trends van shoppercoaching en workshops: daarbij begeleid je klanten en leid je hen op, zowel voor, tijdens als na de aankoop. De klant die op zoek is naar authenticiteit en originaliteit, is hier zeker voor te vinden.

De Gele Flamingo, Brasschaat

'Voor ouders die iets unieks willen voor hun kind'
Een 'online kids conceptstore', noemt De Gele Flamingo zich. 'We verkopen alles wat je nodig hebt voor je kleintje tot vijf jaar', zegt bedrijfsleidster Sophie Claes. 'En online-geboortelijsten hebben we ook.' Het concept van De Gele Flamingo is duidelijk afgelijnd. 'We zijn een trendsetter. We verkopen producten die je bijna nergens anders vindt', zegt Sophie. 'Vernieuwende, originele en authentieke dingen.

Gemaakt uit degelijke, vaak ecologische materialen.' De kleuren zijn ook belangrijk. 'Nu zijn bijvoorbeeld de aardetinten in de mode. Die kleuren kozen we niet alleen voor de kleding, maar ook voor de tutjes, kinderkameraccessoires en het badspeelgoed, bijvoorbeeld.'

Sophie verkoopt bewust veel Belgische merken. 'Vaak hele kleine. We lanceren ook graag als eerste een nieuw merk in België. Dat mogen we dan vaak enkele maanden exclusief verkopen, zodat we toch weer uniek én vernieuwend zijn. Waarom ik koos voor een conceptstore? Uit noodzaak!' aldus Sophie. 'Toen ik begon in 2013, besefte ik dat ik niet kon concurreren met de grote spelers en hun lage prijzen. Bovendien wilde ik vernieuwend zijn, en dus moest ik spullen aanbieden die je nergens anders vond: authentieke, originele dingen voor ouders die iets unieks willen voor hun kind. Nu er veel meer online kinderwinkels zijn, geldt dat nog steeds. Nét iets anders zijn dan de anderen én dat toepassen in alles wat je doet: dat werkt.'

Maak ook een keuze in de **verkoopkanalen** die je gebruikt. Ga je voor de fysieke winkel, een webshop of een combinatie van de twee? Gebruik je je sociale media alleen voor promotie of wil je er ook je producten of diensten mee verkopen?

Keuzes maken betekent ook nadenken over wat je zelf doet en wat je aan een ander overlaat. **Durf uit te besteden** waar je geen kaas van hebt gegeten of wat je te veel tijd of energie kost.

CONTENT IS KING

Contentmarketing is belangrijker dan ooit. Wat is dat precies, contentmarketing? Het is een vorm van marketing waarbij je relevante informatie (of inhoud, content) verzamelt en deelt met je doelpubliek. Ondernemers die goede inhoud creëren en verspreiden via hun website of Facebookpagina bijvoorbeeld, gaan een langetermijnrelatie aan met hun (bestaande en potentiële) klanten. Door een verhaal te vertellen, inspirerende foto's en video's te delen, toplijstjes te maken ... heb je contact met je doelgroep, verzamel je fans en vergroot je de samenhorigheid bij je klanten.

Ondernemers die goede inhoud creëren en verspreiden via hun website of Facebookpagina bijvoorbeeld, gaan een langetermijnrelatie aan met hun (bestaande en potentiële) klanten.

Anna Pops, Aalst

'Content creëren vanuit mijn buikgevoel'
Inspirerende video's, foto's en leuke nieuwtjes op Facebook, een Instagrampagina met hippe outfits én een uitgebreide website die geregeld wordt geüpdatet: bij Anna Pops weten ze dat content *king* is. Anna Pops verkoopt kinderschoenen en -kleding in de webshop én de winkel in Aalst.

Bedrijfsleidster Tina Daem verzorgt de meeste onlinecontent zelf, op de websitefoto's na. 'En toch zit er niet echt een plan achter', bekent ze. 'Soms heb ik zin om over dit te schrijven, dan weer over dat. Ik volg mijn buikgevoel.' Zo lees je op de website onder meer hoe je het best die nieuwe kinderschoentjes onderhoudt, wat er zo bijzonder is aan het nieuwe kledingmerk bij Anna Pops en leer je Judith kennen, Tina's rechterhand.

'Inspiratie heb ik genoeg', zegt Tina. 'Maar tijd of zin om al die content netjes uit te werken, heb ik niet altijd. Daarom doe ik af en toe een beroep op freelancers. Zo heb ik sinds kort een marketingexpert, die zorgt voor toch een béétje planning in de onlinecontent', lacht ze. 'Onlangs hebben we onze zevende verjaardag gevierd. Wekenlang hebben we die online aangekondigd met leuke posts en acties. Het is een fantastisch feest geworden, met een geweldige opkomst. Dat was me in mijn eentje nooit gelukt.'

Volgens Tina is onlinecontent broodnodig als je wilt dat je handelszaak gezien en gehoord wordt. 'Ik heb geen zin om te schreeuwen met kortingen', zegt ze. 'Ik verkóóp zelfs niet graag. Ik wil dat klanten mijn spulletjes kopen omdat ze dat zelf willen. Door de foto's en verhalen online te posten, krijgen ze een beeld van wat Anna Pops is: een winkel met originele, vaak duurzame modevondsten. Als hen dat bevalt, zullen ze ook wel iets kopen.'

ZORG VOOR GEMAK EN COMFORT

Een klant houdt van gemak en comfort. Voor hem zijn dat belangrijke redenen om online te winkelen. Het internet bespaart hem tijd, geld aan benzine en parking, en inspanning. Bovendien wordt zijn pakje geleverd aan huis, op het werk of in een leverpunt waar hij het kan ophalen wanneer het hem uitkomt. Heerlijk gemakkelijk.

In en rondom een fysieke winkel is dat niet anders. Ook daar wil de klant gemak en comfort. Tijdens de lockdown was het natuurlijk wél alle hens aan dek, maar in normale tijden hoef je niet de klok rond en zeven dagen per week open te zijn. Je hoeft ook helemaal niet zélf pakjes aan huis te bezorgen.

Gemak en comfort betekenen ook: zorgen voor een professionele bediening, een doorgedreven productkennis, een persoonlijk aanspreekpunt of een goede bereikbaarheid. Misschien kun je wel een automaat installeren, zodat klanten ook na de openingstijden je producten kunnen kopen. Of misschien kun je, als je klanten via je website bestellen, bepaalde afhaalmomenten inplannen. Of je kunt je klanten een personal shopper aanbieden die hen helpt bij hun aankoop.

Ook in (post)coronatijden kun je je klanten gemak en comfort bieden. Je kunt (video)chatten om hen extra advies te geven, een livesessie op Facebook of Instagram houden om je nieuwe collectie te tonen, privéverkopen organiseren na afspraak in de winkel, aan huis bezorgen … En natuurlijk hygiënische maatregelen treffen die je klanten geruststellen.

Slagerij Henk, Mariakerke

'Het zorgt echt voor meer klanten'

'Een webshop is pas handig als klanten hun bestelling ook kunnen *ophalen* wanneer het hen uitkomt', vindt Henk De Vlieger van Slagerij Henk in Mariakerke. Dus bedacht hij 'Meattime': een koelkast-met-vakjes waar klanten dag en nacht terechtkunnen.

'400 gram salami, twee biefstukjes en 250 gram filet americain: bij ons bestel je online zoals in de winkel', zegt Henk. 'Je geeft in op welke dag je je bestelling komt halen, en wij sturen je een code.' Is de winkel geopend of gesloten, het maakt niet uit. Want bij Slagerij Henk staat een koelkast van Meattime in een afhaallokaaltje waar je met je code altijd binnen kunt. Je tikt je code nog eens in op de koelkast, haalt je bestelling uit het vakje, doet de deur weer dicht, en klaar.

Meattime is een uitvinding van Henk zelf. 'Ik wilde wel een webshop, maar dan moest die écht handiger zijn voor de klant. Bij de meeste slagers en bakkers met een webshop kunnen klanten wel bestellen wanneer ze willen, maar ophalen moet nog steeds tijdens de openingstijden van de winkel. Klanten die het druk hebben met hun werk of gezin, hebben geen tijd om aan te schuiven in de winkel, of ze raken er niet tijdens de openingstijden.'

Henk verkoopt zijn koelkasten ook aan andere slagers en bakkers. 'Sommige handelaars vragen zich af of dit systeem niet eerder voor een verschuiving van de verkoop zorgt', zegt Henk. 'Maar het leidt wel degelijk tot méér klanten. Het is zo'n handige service, dat mensen het doorvertellen. Wij krijgen elke week bestellingen van klanten die we nog nooit eerder hebben gezien.'

Meattime zorgt ook voor comfort voor de slager zélf, vindt Henk. 'Dankzij de webshop en Meattime kunnen we de fysieke winkel een uur later openen én een dag meer in de week sluiten. Ik werk minder, en verdien meer. Daarom zeg ik tegen alle handelaars: de e-commerce is een feit, de technologie is er: omarm ze!'

WEES NIET BANG VAN E-COMMERCE

De e-commerce of de handel op het internet, groeit elk jaar. 79 procent van de Belgen die actief zijn op het internet, kocht in 2018 online. Dat is een stijging van 4 procent tegenover 2017. Zes Belgen op de tien kochten kleren of schoenen in 2018, en daarmee is mode nog altijd de populairste categorie in de online aankopen. Maar voeding zit ook in de lift met een stijging van 50 procent tegenover 2017. Eén consument op de acht bestelde voeding via het internet.

Onlineshoppen doen we steeds vaker mobiel. Tablet en smartphone waren in 2018 goed voor 58 procent van de internetbestellingen. Ook de S-commerce is in opmars. Een kwart van de surfers zegt dat ze een artikel of dienst online gekocht hebben op basis van een advertentie op sociale media: op Instagram, Facebook, Snapchat ...[44] Kleding, voedsel, boeken, speelgoed, reizen ... Eigenlijk is zowat álles te koop op het internet. Vaak goedkoper dan in de fysieke winkel en vaak de volgende dag al geleverd. Daar kun je als plaatselijke handelaar niet tegenop.

Als iets bij jou meer kost, maak de klant dan duidelijk hoe dat komt en wat je hem daarvoor teruggeeft. Want **een fysieke winkel heeft wel degelijk troeven** die een internetwinkel niet heeft. Persoonlijk contact met de klant, bijvoorbeeld. Of een doorgedreven persoonlijke service, uitstekende kwaliteit, een uitgebreid assortiment ... Zet je toegevoegde waarde in de kijker! **E-commerce hoeft geen bedreiging te zijn** voor ondernemers, het biedt heel wat kansen. Veel meer dan offline, kun je laten zien wat je in je mars hebt.

Als iets bij jou meer kost,
maak de klant dan duidelijk hoe dat komt
en wat je hem daarvoor teruggeeft.

Uit een bevraging die UNIZO in 2019 bij consumenten deed, naar aanleiding van het Weekend van de Klant, bleek dat 51 procent het belangrijk vindt om te kopen bij winkels van Belgische oorsprong. Zevenenvijftig procent van de klanten is bereid iets meer te betalen voor een persoonlijk contact en service (voor, tijdens en na verkoop) in de winkel. En 65 procent van de consumenten vindt kwaliteit belangrijker dan de prijs.

Via je website, je webshop, je berichten op Facebook, je foto's op Instagram ... kun je:

- **Je imago in de verf zetten.** Je bepaalt zelf hoe ver je wilt gaan in het onlineverhaal, maar een website is vandaag een absolute must. Zorg dat die er goed uitziet, want het is je digitale etalage. De indruk die je website nalaat, straalt af op je hele bedrijf. Is die rommelig, onduidelijk, staan er taalfouten in? Dan kom je niet professioneel over en is de kans klein dat klanten contact met je opnemen. Maak er dus werk van! Je website – maar eigenlijk alles wat je online doet – geeft je de kans om te laten zien wie je bent, waar je voor staat, waar je trots op bent en waarom klanten bij jou moeten zijn.

- **Je zichtbaarheid vergroten.** Laat op Instagram foto's zien van je nieuwe collectie, post een bericht op Facebook over je nieuwe dienstverlening, zet een filmpje op je website over je nieuwe winkelinrichting, stel je team voor, geef een blik achter de schermen … De mogelijkheden zijn eindeloos! Mensen liken en delen, en voor je het weet, heb je een heleboel nieuwe klanten. Oók in je fysieke winkel, want veel consumenten surfen eerst op sites voor ze een echte winkel binnenstappen.
- **Goede klantenservice bieden.** Het internet is dag en nacht geopend, ook op zon- en feestdagen. Potentiële klanten kunnen altijd bij je terecht zonder dat jij of je personeel beschikbaar moeten zijn. Op je website vinden ze er praktische gegevens zoals je adres en openingstijden, een contactformulier om je een vraag te stellen, en nog meer andere nuttige info. Misschien kun je een lijstje met 'meestgestelde vragen' (en antwoorden!) of tutorialfilmpjes op je website plaatsen, dan zijn je klanten vaak al meteen geholpen.

Blabloom, Houthalen

'Webshop en fysieke winkel vullen elkaar aan'

'Een webwinkel en een fysieke winkel, ze hebben allebei hun troeven', vindt Jente Kasprowski van Blabloom in Houthalen. 'Dus combineren we de twee. Ze vullen elkaar aan.'

'Tachtig procent van onze omzet komt van de webshop, en twintig procent van de fysieke winkel in Houthalen', zegt Jente Kasprowski. Hij is bedrijfsleider van Blabloom, dat ecologische producten voor kinderen en volwassenen verkoopt. 'Toch vinden we die fysieke winkel erg belangrijk, om onze klanten een persoonlijk advies te geven of om hen te helpen bij hun keuze. Neem nu onze draagdoeken: in de winkel hebben we draagconsulenten die je adviseren welk draagsysteem goed is voor jou, en ze passen die volledig op jouw maat aan.'

Bij Blabloom vullen de fysieke en de onlinewinkel elkaar aan, zegt Jente. 'Sommige klanten komen voor een geboortelijstje naar de fysieke winkel en doen hun volgende aankopen online. Maar we hebben net zo goed klanten die hun geboortelijst helemaal online regelen.'

Online en offline: ze hebben allebei hun voor- en nadelen. 'In de fysieke winkel is het aanbod aan producten minder groot, omdat we beperkt zijn in ruimte. En klanten die ver weg wonen, zullen minder gemakkelijk naar de winkel komen. Maar je kunt er wel goed persoonlijk advies geven', vindt Jente. 'De webshop is in de eerste plaats erg handig. Het maakt niet uit waar je woont, ons hele aanbod vind je online. Onze helpdesk geeft advies op maat, maar toch. Het digitale heeft zijn beperkingen.'

WEES EEN KAMELEON

Een klant is wispelturig. Het ene moment heeft hij deze behoefte, het andere moment weer een andere. Uit een Weekend van de Klant-enquête van UNIZO in 2019 blijkt dat 71 procent van de klanten trouw is aan zijn merken en favoriete winkels. Maar die moeten hem wel kunnen blijven verrassen. De klant wil bijvoorbeeld niet steeds weer dezelfde productpresentatie in de winkel zien.

Verras je klanten dus geregeld met nieuwe spulletjes, nieuwe technologische snufjes ... Vernieuw, verfris, richt je winkel geregeld helemaal opnieuw in om klanten te inspireren en te boeien. Af en toe de boel helemaal omgooien, schept ook kansen: wie weet, trek je ook klanten van buiten je doelgroep aan.

WERK SAMEN

Samen zijn handelaars sterker! Slimme samenwerkingen zijn dé kans om je te onderscheiden van de anderen en je te handhaven in een moeilijk commercieel klimaat. Je kunt samenwerken om je eigen zaak beter te maken, maar ook om het winkelgebied waartoe je behoort een aangename uitstraling te geven.

Er zijn heel wat mogelijkheden om samen te werken: op het niveau van aankoop of marketing, voor originele evenementen, in franchiseconcepten, met complementaire aanbieders, met je leveranciers, met andere sectoren zoals toerisme, horeca, cultuur, diensten-, zorg-, en vastgoedsector ..., met collega's in de ondernemersvereniging van UNIZO, met de lokale overheid ...

Piet Moodshop, Gent

'Er is geen straat- of buurtcomité waar ik niet in zit'
Samenwerken doet Christophe Verbeke graag met verfrissende Belgische ontwerpers die leuke spullen maken voor Piet Moodshop, zijn interieur- en decoratiewinkel in Gent. Maar met handelaars in de buurt is samenwerken ook interessant, vindt hij. 'We sturen vaak klanten naar elkaar door.'

'Op beurzen in het buitenland kom ik af en toe een Belgisch designer weer tegen die zijn eerste ontwerpen in mijn winkel verkocht toen die pas open was', vertelt Christophe Verbeke. 'Intussen zijn we allebei gegroeid, en dat is mooi om vast te stellen. Sommige ontwerpers zijn grote namen geworden, zoals Helen B. Ze is een Gentse artieste die vooral bekend is voor haar tekeningen op porselein. Intussen verkoopt ze tot in Shanghai en Seoel, maar haar eerste ontwerpen lagen dus in Piet Moodshop', lacht Christophe. 'Helen vindt dat ze een deel van haar succes aan mij te danken heeft, maar andersom geldt dat ook. Als een ontwerper uit mijn winkel in de krant komt, staat er meestal bij vermeld dat zijn producten te koop zijn in Piet Moodshop. Bovendien trekken die originele nieuwigheden klanten aan. Die weten dat ze bij mij altijd iets apart vinden.'

Samenwerken doet Christophe ook met handelaars in de buurt. 'Er is geen straat- of buurtcomité waar ik niet in zit', grapt hij. 'Ik vind het belangrijk om je buren te kennen, en om te weten wat andere winkeliers verkopen. We sturen vaak klanten naar elkaar door.' Af en toe organiseren de winkeliers een straatfeest of een *late night shopping*. 'Op korte termijn leveren die evenementen misschien niet veel méér op, maar op lange termijn wel', meent Christophe. 'Ze zijn gezellig, iedereen is dan goedgehumeurd en klanten houden ervan. En het geeft de winkelbuurt een positieve uitstraling.'

SPEEL IN OP DIVERSITEIT

Onze samenleving is diverser dan ooit. We leven samen met een grote variëteit aan nationaliteiten, culturen, religies, seksuele voorkeuren en andere achtergronden. Al deze diverse klanten kunnen een opportuniteit zijn, want ze vormen een aparte doelgroep. Door aangepaste producten of diensten aan te bieden, speel je in op die diversiteit.

Al deze diverse klanten kunnen een opportuniteit zijn, want ze vormen een aparte doelgroep.

Delhaize Plantin, Antwerpen

'Koosjer doet het beter dan halal'
Supermarkt Delhaize Plantin ligt aan de Joodse wijk in Antwerpen. 'We hebben een groot aanbod aan koosjere producten', zegt winkelmanager Alain Govaert. 'De Joodse gemeenschap is al jaar en dag klant bij ons.' Religieuze Joden eten alleen koosjer: dat is voedsel dat voldoet aan de Joodse spijswetten of de kasjroet. Zo zijn bepaalde vlees-, vis- of gevogeltesoorten koosjer, andere niet. De dieren moeten ook op rituele wijze geslacht worden en vlees- en zuivelproducten mogen niet met elkaar worden gemengd. Koosjer voedsel wordt geproduceerd onder het toezicht van een rabbijn.

Supermarkt Delhaize Plantin heeft, naast het gewone aanbod dat je in bijna elke Delhaize vindt, een hele afdeling koosjere producten. Vlees, zuivel, brood ... alles draagt het 'koosjer-keurmerk'. 'We werken ervoor samen met een leverancier in koosjere producten', zegt Alain. 'Het koosjere aanbod hebben we al jaren. Er wonen heel veel Joden in Antwerpen en onze winkel ligt vlak bij de Joodse wijk. De Joodse gemeenschap vormt een groot deel van ons cliënteel.' Delhaize Plantin heeft ook geëxperimenteerd met halalproducten voor de moslimgemeenschap. 'Maar om de een of andere reden sloeg dat niet aan', weet Alain.

ZORG VOOR BELEVING

Soms wil de klant heel efficiënt shoppen: hij wil zijn product nu meteen, zo goedkoop mogelijk, zonder al te veel moeite. Dan is het internet ideaal: één klik op de bestelknop van de webshop en zijn pakje wordt morgen (of in elk geval zo snel mogelijk) geleverd. Maar op andere momenten wil de klant geïnspireerd worden, persoonlijke service krijgen, een origineel cadeautje vinden, ontdekken en beleven. Dan is de fysieke winkel daar! Geef je klanten een reden om je winkeldeur open te duwen!

Klanten houden van producten en diensten die op hen en hun leefomgeving zijn afgestemd. Ze hebben graag het gevoel dat het aanbod **speciaal voor hen** is gecreëerd. Deze trend biedt kansen voor zaken met een gespecialiseerd aanbod, voor modulaire of gepersonaliseerde producten of diensten die gecustomiseerd zijn volgens de smaak van de consument.

Ondernemers die hun klanten **begeleiden** of opleiden vóór, tijdens of na de aankoop hebben vaak meer tevreden klanten. Dat kun je doen door workshops te organiseren of je klanten een shopcoach aan te bieden, bijvoorbeeld. Zo leren klanten je aanbod beter kennen, kunnen ze hun aankopen thuis beter benutten én voelen ze zich meer betrokken.

Zelf brood bakken, eigenhandig kleren of mondmaskers maken ... Consumenten worden steeds vaker ook producenten of '**prosumers**'. En door de beschikbare informatie op het internet zijn ze soms bijna echte professionals. Als je het creatief aanpakt, hoeven de prosumers geen concurrenten te zijn. Wat is je meerwaarde als ervaren producent? Denk daarover na en zet die meerwaarde in de kijker. Misschien kun je materiaal verkopen, of workshops organiseren om je klanten te helpen zelf aan de slag te gaan.

Vrolijk, Turnhout

'Kinderen inspireren, zin doen krijgen om te spelen'
Speeleilanden, een leeshoekje, een uitleenmand en een fiets- en stepparcours in de winkel, waar vind je dat? Bij Vrolijk in Turnhout, een speelgoed- en belevingswinkel.

Een lesje 'wobbelgym', een fotoshoot met verkleedkleren, een voorleesverhaal mét knutselen achteraf, een toneelvoorstelling ...: iedere zes maanden werkt Conny Snoeck een lijst met kinderactiviteiten uit voor op zaterdagnamiddag in de winkel. 'Dat zijn echte publiekstrekkers', weet Conny. 'Ik plan de activiteiten rond vier uur, tegen dan loopt de winkel zo'n beetje leeg. Maar als de activiteiten beginnen, is het hier opeens weer héél druk.'

Voor ouders heeft Conny ook een programma: elke maand nodigt ze op vrijdagavond een expert uit die praat over opvoedthema's zoals: 'Hoe boost je het zelfvertrouwen van je kind?', 'Omgaan met conflicten' of 'Nieuw samengestelde gezinnen'. 'Iemand kwam spreken over kinderen met autisme, en Jürgen Peeters, de auteur van *Kinderen zijn geen puppy's*, kwam praten over zijn boek', vertelt Conny. 'Op die avonden is de winkel ook extra laat open.'

En verder is Vrolijk een zalig speelparadijs voor kinderen. De winkel is ingericht met 'eilanden' waar ze mogen bouwen en knutselen, een leeshoekje om helemaal op te gaan in een boek, een parcours om fietsjes en steps uit te proberen én een uitleenmand waar ze tegen een klein bedrag speelgoed een hele week mogen uittesten.

'Ik verkoop speelgoed dat educatief en duurzaam is, en waarbij kinderen hun fantasie kunnen gebruiken', vertelt Conny. 'Maar wat ik verkoop, vind je ook op het internet. En vaak wordt het nog eens gratis thuisbezorgd. Daarom doe ik wat het internet niét doet: inspireren, zin doen krijgen om te spelen, persoonlijk advies geven. Ik ben een kleuterleidster, ik heb ervaring met de leefwereld van kinderen. En het liefste wat ik doe, is met een klant op zoek gaan naar dát speelgoed dat past bij dát kind. En samen dát cadeautje vinden waarmee je scoort.'

Met haar aparte aanpak creëert Conny een soort van Vrolijk-community. Op Facebook post ze geregeld foto's en filmpjes en klanten geven feedback over speelgoed dat ze kochten of activiteiten die ze uitprobeerden. 'Ik moet eigenlijk ook nooit hard op zoek naar ideeën voor activiteiten of interessante sprekers', zegt Conny. 'Door het type speelgoed dat ik verkoop, trek ik mensen aan die daar ook mee bezig zijn: kleuterjuffen, pedagogen ... ze dienen zich vaak vanzelf aan. En ik krijg ook veel tips en inspiratie van ouders, grootouders en de kinderen zelf.' Want die kinderen, daar draait het om. 'Het is leuk om te horen dat ze hier graag komen', zegt Conny. 'Soms is mijn winkel de beloning na een lange zaterdag van boodschappen doen. "Als jullie flink zijn, gaan we straks eens bij Vrolijk kijken." Dat is best een mooi compliment, vind ik.'

LEG JE KLANTEN IN DE WATTEN

Zorg ervoor dat service en klantvriendelijkheid geen holle begrippen zijn. Wil je het verschil maken, schakel dan een versnelling hoger dan de concurrentie: zorg voor persoonlijk contact en een exclusieve dienstverlening, óók online.

Julien Jewelry, Gent

'Die kleine extra's vergeten je klanten niet'
'Een juweel is een liefdesproduct', vindt Julien De Maere van Julien Jewelry in Gent. 'Het is emotioneel, het is persoonlijk, het is maatwerk. Ik neem dus ook uitgebreid de tijd voor mijn klanten.'

'Met mijn juwelierszaak wil ik dicht bij mijn klanten staan. Bij mij is er geen veiligheidssas om binnen te komen, zoals bij de bank', zegt Julien. 'In mijn winkel is het gezellig, mijn bruine labrador loopt er rond en de klanten krijgen een kop koffie.' Julien neemt uitgebreid de tijd voor zijn klanten, zegt hij. 'Ik wil weten wie ze zijn en wat hun verhaal is. Alleen dán kan ik immers een juweel maken dat perfect bij hen past.'

Die klanten komen vaak bij hem langs op bijzondere momenten in hun leven. 'Bij een verloving, een huwelijk, als er een kindje is geboren', vertelt Julien. 'Ik voel me oprecht vereerd dat ik op zo'n moment een mooi juweel voor hen kan maken. En ja, dan doe ik vaak nog iets extra's: ik geef de klant een flesje champagne mee, of ik pak het juweel in een kunstwerkje in dat ik zelf heb gemaakt. Vaak breng ik de juwelen ook naar de klanten thuis, al moet ik er honderd kilometer voor rijden.' Julien vindt het allemaal niet erg. 'Ik doe veel voor mijn klanten, misschien te veel. Zo zit ik in elkaar. Maar klanten waarderen dat, hoor. Die kleine extra's, die vergeten ze niet.'

VERHUUR DIENSTEN (IN PLAATS VAN PRODUCTEN TE VERKOPEN)

De klant van vandaag vindt het *gebruik* van een product steeds vaker belangrijker dan het *bezit* ervan. Diensten verhuren in plaats van producten te verkopen, is dus een slim idee. Bovendien is het een trend die bijdraagt aan de circulaire economie: door te verhuren, vermijd je dat iets wordt weggegooid. Waarom lampen verkopen als je ook licht kunt verhuren? Waarom handtassen verkopen als je ze ook kunt verhuren? Waarom een wasmachine verkopen als je ook wasbeurten kunt aanbieden?

Kama's Choice, Amougies

'Gucci of Chanel te duur? Bij ons ook te huur'

Een oogverblindende Prada om mee uit te pakken tijdens een chic diner? Een handtas van Gucci in dezelfde modieuze tint als je outfit? Oh, ja! Alleen, zo'n designertas kost al gauw duizenden euro's. Bij Kama's Choice, de online-verhuurwinkel van Katrien Mahieu, kun je een designhandtas huren.

'Voor een weekend of voor een week', legt Katrien uit. 'Als je naar een feestje moet, of voor een avondje uit. De huurprijzen starten vanaf 65 euro.' Katrien maakt het haar klanten gemakkelijk. 'Op de website kiezen ze een tas uit die hen bevalt. Betalen gebeurt ook online. Ik zorg voor een koerierdienst die de tas brengt én weer ophaalt.'

Wie kiest ervoor om een designertas te huren? 'Dames die erg houden van dit soort handtassen, maar ze te duur vinden om ze aan te kopen. Maar ik heb ook klanten die zich wel zo'n tas kunnen veroorloven, maar iets aparts willen. Ik zoek graag de speciale modellen uit, in modieuze kleuren en bijzondere uitvoeringen.'

En wat als er een glas rode wijn over die crèmekleurige Chanel-clutch tuimelt? 'Geen paniek', lacht Katrien. 'Overal afblijven en mij zo snel mogelijk opbellen. Als blijkt dat de schade onherstelbaar is, zijn klanten ervoor verzekerd via hun familiale verzekering. Maar eigenlijk maak ik dat soort zaken niet mee. Mijn klanten zijn heel voorzichtig, ze kennen de waarde van zo'n bijzondere handtas.'

WINKELHIEREN

Het is niet voor niets het Woord van het Jaar 2019 geworden: winkelhieren is in! Want consumenten worden bewuster. Ze willen liever kopen bij een lokale handelaar dan bij een internationale keten of webshop. Ze zijn bezorgd om het milieu en willen zo bijdragen aan minder vervuilend transport op de weg. Winkelhieren doen ze ook omdat ze houden van originele, leuke en authentieke producten.

Dat winkelhieren belangrijker wordt, maakte de coronacrisis erg duidelijk. Steeds meer mensen verkiezen lokale producten en gaan voor de korte keten of gaan op zoek naar ambachtelijke Belgische kwaliteitsproducten die bijvoorbeeld het label *Handmade in Belgium* dragen. Ze willen hun lokale ondernemers een hart onder de riem steken. In een enquête van het Vlaams Centrum voor Agro- en Visserijmarketing (VLAM) geeft liefst 76 procent van de ondervraagde consumenten aan dat ze het belangrijk vinden om tijdens de crisis zoveel mogelijk de lokale handelaars te steunen.[45] De crisis toont een trend die ingaat tegen de globalisering, een trend naar meer verduurzaming.

Als ze winkelhieren, weten klanten dat het geld dat ze uitgeven, weer wordt geïnvesteerd in de lokale gemeenschap: in de vorm van jobs, maar ook bijvoorbeeld in sponsoring voor de plaatselijke jeugdbeweging, een prijzenpakket voor de dorpsquiz of een mooi verlichte winkelstraat in de kerstperiode. En met de coronacrisis in het achterhoofd: geld dat Belgische bedrijven aan belastingen betalen, financiert de zorg, het economisch vangnet ...

Ben je een ondernemer van hier? Maak er dan je handelsmerk van! Kleef het '**Winkelhier-label**' op je deur of etalage, of plaats het op je website. Want jij hebt als plaatselijke handelaar een troef die de concurrentie van verder weg niét heeft: omdat jouw klanten bijna allemaal uit de buurt komen, ken je hen. Jij weet als geen ander hoe je je klanten de beste en meest persoonlijke service kunt geven!

Bakkerij Heidi, Ternat

'Voor ons willen ze nog aanschuiven'
'De lokale winkeliers brengen mensen bij elkaar', meent Geert Vanderheyden van Bakkerij Heidi in Ternat. 'Dat merk ik als ik 's ochtends de lange rij zie die voor onze winkel staat.'

'Sinds 25 jaar bakken en verkopen we brood en patisserie', zegt Geert. 'Ik sta meestal in mijn bakkerij, dus kom ik niet veel in de winkel. Mijn vrouw Inge wel; zij maakt van de bediening en de service een erezaak. We hebben dan ook een heel goede band met onze klanten.'

Sinds acht jaar heeft Bakkerij Heidi ook een webshop. 'We moeten mee met onze tijd', vindt Geert. 'En voor de klanten is het gemakkelijk: ze bestellen thuis, vanuit hun luie zetel. De volgende dag mogen ze hun bestelling komen halen. Voor ons is het ook handig: we weten exact hoeveel we moeten maken en blijven niet met overschot zitten.'

'De lokale kleinhandel is de draaischijf van een gemeenschap', zegt Geert. 'We brengen mensen bij elkaar. Dat merk ik aan de lange rij die 's ochtends voor onze winkel staat. Mensen hebben het er blijkbaar voor over om bij hun plaatselijke bakker aan te schuiven voor producten van goede kwaliteit die bovendien lokaal zijn gemaakt.'

DOE TEGENDRAADS

Terwijl de globalisering een trend is, groeit er ook aandacht voor alles wat lokaal is. Terwijl digitalisering het toverwoord lijkt, komt het analoge weer in de mode. En tegenover de groeiende standaardisering is er de zoektocht naar authenticiteit en persoonlijkheid ... Voor elke trend is er wel een tegentrend. Je hoeft als ondernemer niet met elke trend mee te gaan. Soms is het juist interessant om een trend bewust links te laten liggen of het tegenovergestelde te doen. Want dan maak je weer het verschil. Wat je ook doet: blijf trouw aan je keuze en aan wat bij je zaak past.

Paard van Troje, Gent

'We kwamen in de krant en in primetime op de radio'
'Nee, u kunt hier online niets kopen, dus breng een bezoek aan Gent en geniet van onze winkel!' Dat lees je als je op de website van de Gentse boekhandel Paard Van Troje klikt. Maar tijdens de lockdown gebruikte de winkel wél het internet om boeken te verkopen. 'Het was waanzinnig', blikt Bart terug.

Boekenwinkel Paard Van Troje in Gent heeft geen webshop. Dat is altijd een heel bewuste keuze geweest. 'Wij doen ons eigen ding', zei zaakvoerder Bart Van Aken voor de coronacrisis. 'Waarom zou ik een webshop moeten hebben? Dat heeft geen zin, de online boekenmarkt wordt toch gedomineerd door Amazon en Bol.com.'

Paard Van Troje heeft alleen een fysieke winkel, maar niet zomaar een. 'Over een oppervlakte van 400 m² verkopen we 100.000 papieren boeken', vertelt Bart. 'We hebben een eigenzinnig aanbod, dat we met zorg samenstellen. Klanten vertrouwen op onze keuzes en weten dat ze bij Paard Van Troje buitenstappen met een goed boek. Want bij ons word je niet bediend door algoritmes, wel door echte mensen, die je advies geven.'

Maar toen kwam de lockdown en ging de winkel dicht. Paard Van Troje had geen alternatief. 'Rap, rap, in paniek een webshop in elkaar boksen, leek ons géén goed idee', vertelt Bart. 'We vonden het beter om onze socialemediakanalen in te zetten: Facebook en Instagram. Onze eerste berichten droegen de boodschap: *"Safety before money."* Paard Van Troje kreeg heel veel steunberichtjes terug van klanten. 'Dus vroegen we hen om ons hun lijstje met boekenwensen te mailen. De boeken zouden we thuisbezorgen.'

Dát hebben ze bij Paard Van Troje geweten. 'We hadden héél snel véél te veel werk', lacht Bart. 'Wel driehonderd pakjes per week leverden we. Die moesten allemaal worden ingepakt en rondgebracht. De eerste dagen deden we dat te voet en per fiets. Dat hebben we snel opgegeven, want in een auto kun je natuurlijk meer boekenpakjes vervoeren. In tien weken tijd hebben we 9.000 kilometer gereden, in Gent alleen.'

'Het was waanzinnig', blikt Bart terug. 'We kwamen in de krant en in primetime op Radio 2 en Klara. Gigantische reclame was dat, en dus kregen we nog meer klanten vanuit het hele land. Die pakjes verstuurden we met de post.' Ook bedrijven plaatsten bestellingen. 'Duizend boeken als cadeau voor hun medewerkers', zegt Bart. 'Die moesten allemaal apart worden ingepakt en verzonden. Onze uitgestelde cadeaubons waren eveneens een succes. Wie een cadeaubon kocht om na de lockdown te spenderen, kreeg van ons een korting van 10 procent op de volgende aankoop. Er waren klanten die zeiden: "Laat maar vallen, die 10 procent korting." Ze wilden ons steunen, daar ging het om. Die cadeaubons leverden ons 40.000 euro aan voorschotten op, die we niet aan de bank moesten vragen.'

Nu Paard Van Troje weer open is, weet Bart Van Aken niet goed wat hij met het onlineverhaal moet. 'Op sociale media blijven we inzetten, dat is zeker', zegt hij. 'Maar een webshop? We hebben juist zoveel fans omdat we zo anders zijn, omdat we eruit springen. Paard Van Troje heeft een duidelijk, apart verhaal, en daar houden onze klanten van. Misschien moeten we dat zo houden.'

3 TRENDS IN HET BETAALVERKEER

De klassieke bankkaart is vandaag nog steeds de meest gebruikte betaalmethode in de winkel. Iedereen weet hoe ze werkt: om te betalen, tikt de klant zijn pincode in op de terminal van de handelaar. Maar het aantal **contactloze betalingen**, waarbij de klant geen pincode meer moet ingeven, neemt ook toe. Zeker door de coronacrisis zijn we erg vaak contactloos gaan betalen. Waar contactloze betalingen vóór de crisis zo'n 14 procent van alle betalingen uitmaakten, was dat tijdens de crisis wel 30 procent.

Contactloos betalen kan mét kaart of zonder. Gebruikt de klant zijn kaart, dan houdt hij die in de buurt van de terminal om te betalen. Gebruikt hij geen kaart, dan moet hij eerst een app downloaden op zijn smartphone en die aan zijn zichtrekening koppelen. Hij betaalt dan door de smartphone in de buurt van de terminal te houden. Voor bedragen kleiner dan 50 euro hoeft hij geen pincode in te tikken.

Er zijn verschillende systemen van contactloos betalen. Payconiq is al stevig ingeburgerd, maar ook Apple Pay, Samsung Pay en Android Pay zitten in lift. De *single channel solutions*, waarbij je de betaling doet via het kanaal waarmee je met je klant communiceert (Facebook Messenger, bijvoorbeeld), is nog een beetje toekomstmuziek.

Elektronisch betalen neemt toe, en contactloos en mobiel betalen zal een steeds grotere rol spelen in het betaalverkeer. Dat is positief voor de ondernemer, want de nieuwe technologieën brengen ook lagere kosten met zich mee. Een klassieke kaartbetaling kost al snel 12 eurocent per transactie, terwijl systemen als Payconiq By Bancontact slechts 6 eurocent kosten. Voor klassieke kaartbetalingen moet de handelaar zich een terminal aanschaffen, voor de nieuwe technologieën is dat niet eens meer nodig.

4 KRAPTE OP DE ARBEIDSMARKT

[Cijfer: 84 procent van de ondernemers ervaart problemen bij aanwervingen.]

Er woedt een heuse *war for talent* op de arbeidsmarkt. Bedrijven hebben de grootste moeite om geschikte kandidaten te vinden. In januari 2020, vlak vóór het uitbreken van de coronacrisis, waren er in Vlaanderen 295.574 vacatures. Dat was een absoluut record.

In mei 2020, na de lockdown, was dat aantal teruggelopen tot 263.153 vacatures, en in augustus zelfs tot 251.506 vacatures. Corona zorgde dus voor een kleine terugval in het aantal vacatures, maar een structurele daling is het vermoedelijk niet. Wel wordt verwacht dat er meer werklozen zullen zijn, door bedrijven die moeten afslanken of sluiten, of die failliet zijn gegaan.

Hoe dan ook, er staan massa's jobs open voor schoonmakers, verpleeg- en zorgkundigen, technici, bouwvakkers, ICT'ers en leerkrachten. Het zijn de knelpuntberoepen. Maar de zoektocht naar talent doet zich voor in bijna alle sectoren.

Dat ondernemers lijden onder de krapte op de arbeidsmarkt, is duidelijk. In de volgende hoofdstukken lees je waar die krapte vandaan komt, en wat je als ondernemer kunt doen om waardevol talent aan te trekken én te houden. Blijken die geschikte werknemers toch onvindbaar, dan lees je ook welke alternatieven er zijn.

1 WAAROM VIND JE NIEMAND?

Waar komt de krapte op de arbeidsmarkt vandaan? Waarom vinden we niet de juiste mensen voor onze vacatures? Daar zijn drie redenen voor: de instroom naar de arbeidsmarkt is kleiner (er zijn minder mensen die zich aanbieden op de arbeidsmarkt), de uitstroom van de arbeidsmarkt is groter (er gaan een heleboel mensen wég van de arbeidsmarkt) en de economische situatie.

DE INSTROOM NAAR DE ARBEIDSMARKT IS KLEINER

Jongeren studeren steeds langer, en dus stappen ze ook later in de arbeidsmarkt. Op zich zou dat geen slechte zaak zijn, mochten de jongeren langer studeren om een hoger diploma te behalen. Maar dat is lang niet altijd zo. Studenten doen langer over een studietraject. Zo krijgt de helft van de studenten zijn bachelor niet af binnen de termijn van drie jaar, blijkt uit een studie van de KU Leuven in 2018.[46] Studenten die er vijf jaar over doen, zijn lang geen uitzondering.

Door de coronacrisis zullen een aantal jongeren ook geen diploma behalen. Leerkrachten spreken over de 'coronageneratie': jongeren die sowieso al schoolmoe waren en er door de crisis helemaal de brui aan hebben gegeven.[47] Tegelijk zullen een heleboel jongeren hun diploma pas later behalen, omdat ze bijvoorbeeld hun stages niet hebben kunnen afwerken in de coronatijd.[48]

Er stromen dus niet alleen te weinig nieuwe arbeidskrachten in op de arbeidsmarkt, hun competenties zijn ook vaak onvoldoende. Met andere woorden: niet enkel de kwantitatieve instroom is beperkt, ook de kwalitatieve. Vooral in onze hoofdstad is dat een probleem. Brussel heeft hoofdzakelijk laaggeschoolde werkzoekenden, maar de stad heeft nood aan hooggeschoolde profielen.[49]

De komende jaren hebben we meer dan één miljoen hooggeschoolden nodig, onder meer omdat door de vergrijzing een heleboel hooggeschoolden moeten worden vervangen.[50] Met onze eigen hooggeschoolden komen we er niet en we trekken daarenboven ook weinig hooggeschoolde migranten aan. België blijkt vooral laaggeschoolde migranten aan te trekken, voor wie er steeds minder werk is. Bovendien is het erg moeilijk om migranten uit niet-EU-landen in dienst te nemen. De regels zijn strikt en de behandeling van dossiers duurt vaak (te) lang.

DE UITSTROOM VAN DE ARBEIDSMARKT IS GROTER

De **babyboomers**, de generatie die geboren is tussen grofweg 1945 en 1955, gaan **met pensioen**. De uitstroom wordt een beetje gecompenseerd door het optrekken van de pensioenleeftijd, maar toch zullen in de periode 2021-2026 in Vlaanderen meer dan 405.000 werknemers vervangen moeten worden.[51]

Steeds meer werknemers, zelfstandigen en werkzoekenden blijken bovendien te kampen met depressie, burn-out, een chronische ziekte of invaliditeit. Lage rugpijn komt bijvoorbeeld vaak voor.[52] **Het aantal mensen dat langer dan een jaar thuisblijft, neemt dan ook elk jaar toe.** COVID-19 heeft ons geleerd dat werknemers plots en lang kunnen uitvallen. Dat heeft zeker bij kleinere bedrijven een grote impact. Die mensen na verloop van tijd weer integreren in het arbeidscircuit, is een flinke uitdaging.

Er wordt verder meer gebruikgemaakt van **verlofstelsels** zoals loopbaanonderbreking, tijdskrediet of ouderschapsverlof. Vooral bij jonge papa's wordt het ouderschapsverlof steeds populairder. Vroeger kon je als werknemer een hele carrière voor hetzelfde bedrijf werken. Die tijden zijn voorbij. **Werknemers nemen zelf hun loopbaan in handen** en zoeken voortdurend nieuwe kansen. Sommigen zijn echte jobhoppers: ze springen van de ene baan naar de andere, steeds op zoek naar andere ervaringen, een beter loon ... Meer werknemers, zowel jong als minder jong, zetten de stap naar het **ondernemerschap**. Tegelijk worden meer jobs 'verzelfstandigd'.

DE DIGITALE DIENSTENECONOMIE

Onze economische context evolueert in een sneltempo, en daarmee verandert ook de behoefte aan werkkrachten. We evolueren naar een diensteneconomie. Diensten zijn veel arbeidsintensiever dan industrieel werk, waarbij je veel kunt automatiseren. Dienstenwerk kun je niet zomaar laten uitvoeren door een machine. Want diensten vragen vaak om een persoonlijke service door mensen van vlees en bloed. Door de digitalisering en 'verapping' - de klant doet steeds meer zelf via een app - van de economie zijn de middelgeschoolden vaak overbodig geraakt. Maar er is wél meer behoefte aan personeel voor de hogere en de lagere functies. 'Top' en 'werkvloer' blijven over. Toch heb jij als ondernemer die werknemers nodig om je zaak draaiende te houden! Hoe je, ondanks de krapte op de arbeidsmarkt, die gouden medewerkers vindt, lees je in het volgende deel.

2 HOE TREK JE DE JUISTE MEDEWERKERS AAN?

De coronacrisis verhoogt dan wel tijdelijk de werkloosheid, toch is de krappe arbeidsmarkt een realiteit. De tijd dat de ondernemer uit een massa kandidaten die ene geknipte medewerker kon kiezen, is voorbij. Vandaag is het de werknemer die het voor het kiezen heeft. Daarom moet jij als ondernemer alles uit de kast halen om je te profileren als de ideale werkgever. Dat doe je onder meer door *employer branding*.

EMPLOYER BRANDING: MAAK WERK VAN JE WERKGEVERS-MERK!

Elke kandidaat die overweegt om bij jou te solliciteren, heeft zich al een beeld gevormd van jouw organisatie. Hij bekeek je website, zag misschien advertenties voorbijkomen, las posts op sociale media ... Wie weet sprak hij over jouw bedrijf met zijn vrienden of familie. Al die indrukken die hij opdeed, dragen bij tot de beeldvorming van je bedrijf. Als je bovenaan op het lijstje wilt prijken van talent dat op zoek is naar een job, zorg je het best voor een positieve beeldvorming over je bedrijf. En dat is precies waar *employer branding* voor staat.

Wat is dat precies, employer branding?[53]

Employer branding betekent: werken aan je 'werkgevers-merk'. Terwijl het bij gewone branding gaat over je producten en diensten, gaat het hier over je **imago als werkgever**: hoe je als werkgever wordt beschouwd en ervaren. Zodat mensen graag bij jou komen werken. Met een goede *employer branding* zorg je ervoor dat werknemers (de huidige én de toekomstige) jouw bedrijf leuker vinden dan de rest. Dat maakt het gemakkelijker om toptalent aan te trekken. Misschien dienen zich wel spontaan werknemers aan terwijl je geen vacatures hebt! Maar sowieso is *employer branding* nuttig, ook als je geen problemen hebt om personeel te vinden. Als bedrijf wil je altijd de beste kandidaten in dienst nemen, en die zijn per definitie schaars. Goede *employer branding* is dus geschikt voor elk type bedrijf. Bovendien heeft *employer branding* ook een positief effect op de bestaande medewerkers: die zijn trotser op hun bedrijf en werken gemotiveerder.

> *Met een goede employer branding zorg je ervoor dat werknemers (de huidige én de toekomstige) jouw bedrijf leuker vinden dan de rest. Dat maakt het gemakkelijker om toptalent aan te trekken.*

Hoe doe je dat, een goede employer branding ontwikkelen?

Kort uitgelegd doe je dat zo: je zoekt uit **wat jouw bedrijf uniek maakt**, hoe het zich onderscheidt van de andere. En die kenmerken verkondig je aan de buitenwereld. Maar vóór je communiceert hoe geweldig het is om voor jouw bedrijf te werken, zorg je er natuurlijk voor dat het *ook zo is* voor het huidige personeel en toekomstige medewerkers. Investeer dus in de zaken die werknemers belangrijk vinden: zorg voor een goede werksfeer, geef je personeel genoeg autonomie en verantwoordelijkheid, bied afwisseling van werk, een goede privé-werkbalans en waardering. Ga er niet zomaar van uit dat je weet wat je werknemers belangrijk vinden. Praat met hen, en meet hun tevredenheid elk jaar in een werknemerstevredenheidsonderzoek. Zo weet je of de wensen van je personeel aansluiten bij hun ervaringen. Op basis van de gesprekken met de medewerkers en je eigen inzichten bepaal je **welke waarden** je als bedrijf wilt uitstralen naar nieuwe medewerkers: wil je je profileren als een innovatief bedrijf, een bedrijf met een goede werksfeer of als het best betalende bedrijf in de sector? Als je dat weet, kun je je waarden

communiceren via alle mogelijke kanalen: je website, sociale media, in je advertenties, in je vacatures, in blogs, in persberichten ...

NMG, Aarschot

'Bij ons kiezen mensen hun werktijden zelf'

'Wij vinden altijd vrij vlot nieuwe talenten. Een vacature is meestal ingevuld in minder dan twee maanden', zegt Andy Coomans, oprichter van NMG, een marketing- en consultancybureau in Aarschot. 'We hebben zelfs de vrijheid om te kunnen kiezen.'

'En toch zijn we daarbij heel kritisch, want we willen groeien met de juiste mensen die passen in onze cultuur', zegt hij. Het lukt NMG ook om dat talent te behouden. 'De voorbije twee jaar zijn er nauwelijks mensen vertrokken.'

Toch kent de marketingwereld best een sterk verloop. 'Heel wat ervaren marketingmensen krijgen een degout van de deadlinementaliteit en de overuren', weet Andy. 'Ook het pendelen naar de grootstad steekt vaak tegen zodra ze een gezin hebben. De werk-privébalans is dus héél belangrijk. Daarnaast willen medewerkers ook contact met klanten, en appreciatie krijgen voor hun werk. In traditionele agentschappen kan dat niet altijd; daar heeft alleen de projectmanager contact met de klant.'

NMG heeft andere waarden dan de meeste marketingbureaus, stelt Andy. 'Bij ons kiezen mensen hun werktijden zelf, ze bepalen vrij wanneer ze werken. Elke minuut aan overuren geven we terug in verlof. Om de werkdruk op te vangen, moeten we dus proactief mensen in dienst nemen.' NMG werkt alleen voor klanten in langere trajecten. 'Daardoor kunnen we het werk plannen. Bij ons geen honderd-en-een klanten die op vrijdagnamiddag plots nog van alles nodig hebben. We voeden onze klanten op om opdrachten op tijd te plannen. In de meeste marketingbureaus is vrijdag de *day from hell*. Bij NMG is de keet om twee uur in de namiddag al zo goed als leeg, en al het werk is vlotjes buiten. Mensen werken dan vaak wat langer op andere dagen, omdat het beter past in hun privésituatie.' Daarnaast wordt bij NMG veel belang gehecht aan overleg, en zijn er opleidingsmomenten.

Het zijn allemaal waarden die de employer brand van NMG bepalen. 'We dragen ze uit op onze website, op sociale media, bij evenementen, bij wedstrijden en in persberichten. En ik word ook vaak gevraagd om te spreken over onze bedrijfscultuur', zegt Andy. De positieve employer branding werpt zijn vruchten af. 'In twee jaar tijd hebben we zo'n vijftien mensen in dienst genomen, en toch hebben we nooit één euro betaald voor een jobadvertentie.'

Werk maken van je *employer branding* is één ding. Maar wil je vandaag een aantrekkelijke werkgever zijn, dan zorg je ook voor een positieve *employee experience*.

EMPLOYEE EXPERIENCE: WAT HEEFT MIJN WERKNEMER NODIG OM GELUKKIG TE ZIJN?

Wat is employee experience?

Het is de optelsom van alle ervaringen die een werknemer heeft over het bedrijf waar hij werkt, van zijn eerste tot zijn laatste werkdag. Beleeft de werknemer voornamelijk positieve ervaringen, dan heeft hij een positieve *employee experience*. Dan is hij niet zomaar een tevreden, bevlogen of betrokken werknemer. Nee, hij is dan een *gelukkige* werknemer!

> *Gelukkige medewerkers zitten lekker in hun vel en presteren beter, ze zeggen minder snel hun baan op en voelen zich verantwoordelijk voor de bedrijfsresultaten.*

Waarom is het belangrijk om gelukkige werknemers te hebben? Is het niet voldoende om tevreden werknemers te hebben? Nee, tevredenheid is een minimum! Geluk gaat een stap verder. Gelukkige medewerkers zitten lekker in hun vel en presteren beter, ze zeggen minder snel hun baan op en voelen zich verantwoordelijk voor de bedrijfsresultaten. Ze delen hun enthousiasme met hun netwerk, waarin zich zeer waarschijnlijk ook werkzoekenden bevinden met dezelfde wensen als zij. En dat is weer goed nieuws voor jou, als je nog meer van die geweldige werknemers wilt. Investeren in werkgeluk en een positieve *employee experience* is dus de moeite waard als je in beeld wilt komen bij jouw doelgroep op de arbeidsmarkt.

Hoe creëer je gelukkige werknemers?

Natuurlijk kun je als werkgever niet verantwoordelijk zijn voor het algemene geluksgevoel van je mensen. Als je medewerker problemen heeft in zijn privéleven, is er niet veel wat jij daaraan kunt doen. Maar je kunt wél zorgen voor een geluksgevoel op de werkvloer.

Geluk op de werkvloer bereik je niet door gratis frisdrank aan te bieden of een pingpongtafel neer te zetten. Daar is meer voor nodig. Het moeilijke is dat het eigenlijk niet per se gaat om *wat* je allemaal doet voor je werknemers. Wél over hoe zij dat *ervaren*. Geluk is iets subjectiefs, het gaat niet om objectief waarneembare dingen.

Wat jij als ondernemer moet doen, is **de juiste omgeving creëren**, zodat je mensen gelukkig zijn in hun werk. Bied betekenisvol werk aan, waar je medewerkers hun talent in kwijt kunnen. Geef hen autonomie en laat hen meebeslissen. Laat hen thuiswerken, of in een *coworking*-ruimte of satellietkantoor, als ze dat handig vinden. Wees daar flexibel in. Geef hen ook feedback en erkenning. Hou de werksfeer positief en zorg voor een goede balans tussen werk en privé ... Hanteer dus dezelfde waarden die belangrijk zijn bij *employer branding*. Een positieve *employee experience* en een sterke *employer brand* liggen dan ook dicht bij elkaar.

Als je *employer brand* en *employee experience* goed zitten, zul je gemakkelijker geschikte kandidaten vinden. Misschien dienen ze zich wel spontaan aan! Maar waarschijnlijk zul je af en toe nog wel een vacature moeten opstellen.

HOE STEL JE EEN AANTREKKELIJKE VACATURE OP?

Als je een vacature hebt, wil je daar natuurlijk zo veel mogelijk respons op. Want hoe meer kandidaten, hoe groter de kans dat je iemand vindt die geknipt is voor de job en je organisatie.

Vóór je de vacature de wereld instuurt, sta je het best even stil bij de volgende zaken.

- Denk na over de **invulling van de functie**, ook op lange termijn. Zijn er specifieke opleidingseisen of diploma's? Is ervaring belangrijk? Maak een onderscheid tussen wat écht noodzakelijk is - overdrijf niet! - en leuke extra's.
- **Vertel over je organisatie**. Licht de bedrijfscultuur en -activiteiten toe. Stel het toekomstige team voor en beschrijf de werkuren, extralegale voordelen, ontwikkelingsmogelijkheden ... Focus op wat jouw organisatie je medewerkers te bieden heeft!
- Vertel **wat de job zo boeiend maakt**: deelname aan projecten of klantbezoeken, optimalisatie van werkprocessen ...[54]
- Je bedrijf moet uiteraard een **gelijkekansenbeleid** voeren. Benadruk dat en voeg bijvoorbeeld deze formulering toe: 'Jouw kwaliteiten zijn voor ons belangrijker dan je leeftijd, diploma, geslacht, geaardheid, handicap, etnische afkomst of nationaliteit.' Het werkt drempelverlagend, en zo mis je geen potentieel talent.
- Stel een **verzorgde vacature** op. Schrijf een duidelijke en wervende tekst en zorg voor een aantrekkelijke lay-out.

In een goed opgestelde jobadvertentie kun je heel wat informatie kwijt. Maar als je het grotere verhaal achter je organisatie wilt vertellen, heb je meer ruimte en tijd nodig. Dan is **storytelling** een goed idee.

Wat is storytelling?

Het betekent letterlijk: een verhaal vertellen. Een verhaal over het waarom van je product of je dienst, over wat jouw bedrijf uniek maakt, over je werknemers, over wat nog niet bekend is over je merk ... Omdat een goed verteld verhaal mensen boeit en raakt, is het vaak doeltreffender dan een slogan. Je kunt veel kwijt in een verhaal. En als de lezer (of luisteraar, of kijker) zich erin herkent, vergroot dat zijn band met je product, dienst of bedrijf.

Als je storytelling wilt gebruiken in je vacatures, kun je bijvoorbeeld een YouTube-filmpje opnemen, waarin je medewerkers vertellen over een dag uit hun (werk)leven. Ook Instagram Stories en Instagram TV (IGTV) kun je daarvoor gebruiken. Zo laat je potentiële werknemers zien hoe het eraan toegaat in je bedrijf, hoe werknemers hun job ervaren en wat aantrekkelijk is aan een functie in je onderneming.

Je wilt natuurlijk dat je vacature terechtkomt bij jouw doelgroep van kandidaten. Dus is het belangrijk om de juiste kanalen te gebruiken om je jobadvertentie te verspreiden.

HOE EN WAAR VERSPREID JE JE VACATURE?

Er zijn heel wat **online- en offlinekanalen** om je vacature te verspreiden en nieuwe werknemers te zoeken. Ga dus na op welke platformen jouw doelgroep zich bevindt. Wees creatief en zoek uit welke kanalen je allemaal kunnen helpen bij de zoektocht naar een nieuwe werkkracht.

Je kunt je vacature plaatsen bij de VDAB (als je het voorbije jaar minstens twintig medewerkers in dienst had, is dat zelfs wettelijk verplicht), op jobsites zoals Jobat, Vacature en StepStone of gespecialiseerde of regionale jobsites zoals ictjob, creativeskills of Bouwjobs. Daarnaast kun je met je bedrijf op een jobbeurs staan, of de hulp inroepen van een uitzendkantoor.

En je kunt de **socialemediakanalen** gebruiken: LinkedIn, Facebook, Twitter, Instagram, YouTube ... Socialemediaplatformen zijn heel efficiënte wervingskanalen, op voorwaarde dat je er voldoende tijd insteekt en nadenkt over jouw doelgroep. Een goed onderhouden en professionele Facebookpagina is uitstekend om een vacature te delen. LinkedIn is dan weer een goed medium voor de rekrutering van bedienden.

Je kunt ook je **bestaande medewerkers** vragen om de vacature te verspreiden. Werknemers die graag voor je werken, zijn vaak de beste ambassadeurs. Want ze bevelen de vacature enthousiast aan bij vrienden en kennissen. Sommige bedrijven geven er een **premie** voor: wie een goede kandidaat kan aanbrengen, wordt beloond.

De timing zit misschien niet altijd goed, maar toch is het belangrijk dat je openstaat voor **spontane sollicitaties**. Ontvang je een sollicitatie van iemand voor wie je geen vacature hebt, maar die op termijn misschien een goede aanwinst kan zijn? Nodig hem of haar toch uit voor een gesprek. Maak duidelijk dat er nu geen vacatures zijn, maar later misschien wel. Zo houdt de sollicitant een positief gevoel over aan je bedrijf. En wie weet, kan deze goede kandidaat ooit nog je team versterken.

Tot slot: geef een sollicitant **altijd een antwoord!** Ook als hij niet overeenkomt met het profiel dat je zoekt. Een beleefd, vriendelijk antwoord laat een positieve indruk over je bedrijf na bij de sollicitant.

REKRUTEREN AAN DE BRON

Waarom zou je wachten met rekruteren tot jongeren zijn afgestudeerd? Om toekomstig talent aan te trekken, is het interessant om samen te werken met scholen. Scholen zijn kweekvijvers van talent. Als je met hen kunt samenwerken op een manier die ook interessant is voor de scholen zelf, heb je er al een voet binnen. En zo kun je de beste studenten in dienst nemen vóór de concurrentie ze wegkaapt. Samenwerken kan door stages te organiseren, maar ook door workshops te houden of een lezing te geven. En waarom zouden leerlingen in jouw bedrijf naast stages (voor korte duur) geen traject duaal leren (voor langere duur) kunnen doen? Op die manier wordt leren op school aangevuld met leren op de werkvloer. Of je hebt de mogelijkheid om werkzoekenden aan te trekken met werkplekleren.

Remotive, Evergem

'Zo'n praktijkdag toont studenten wat het werk écht is'
Een 'praktijkdag', waarbij een hele klas van een technische school in het atelier kan ontdekken wat het werk inhoudt: zo hoopt Remotive in Evergem nieuwe geschikte medewerkers te vinden.

Remotive onderhoudt en herstelt roterende machines. Bij de klanten in hun bedrijf, maar ook in het eigen atelier. Stages organiseren, deed Remotive al. Maar met de praktijkdag gaat het bedrijf een stapje verder. 'We werken daarvoor samen met het Provinciaal Technisch Instituut (PTI) in Eeklo', vertelt hr-officer Tina Aerts. 'Op school leren de studenten vooral theorie. Tijdens de praktijkdag laten onze medewerkers hen zien wat het werk écht inhoudt: een pomp monteren en demonteren, een pomp uitlijnen ... De studenten mogen het ook allemaal uitproberen.'

Met de praktijkdag hoopt Remotive meer studenten te bereiken dan met de stages. 'We zijn een bedrijf in volle groei', zegt Tina. 'We hebben voortdurend mensen nodig. Maar het is niet gemakkelijk om goede, gemotiveerde medewerkers te vinden. De praktijkdag mikt voluit op onze doelgroep van kandidaten. Nu maar hopen dat ze na hun studie komen solliciteren en dat we hen een vaste job kunnen aanbieden.'

Om die goede, gemotiveerde medewerkers te behouden, doet Remotive erg zijn best. 'We zijn een bedrijf dat diensten verleent. Onze mensen zijn onze belangrijkste schakel, en hun welzijn is een prioriteit voor ons', legt Tina uit. 'Om hen het werk gemakkelijker te maken, is zo veel mogelijk gedigitaliseerd. Iedereen krijgt een iPad en een iPhone, én elke dag verse soep, vers fruit, yoghurt en granola', somt ze op. Een groeps- en een hospitalisatieverzekering krijgen de werknemers ook. Daarnaast wordt er bij Remotive ook geïnvesteerd in opleiding. 'Vaak is dat een heel opleidings*traject*', zegt Tina. 'Het is een heel duidelijk traject, dat aan alle werknemers bij de aanwerving wordt uitgelegd. Zo weten ze waarvoor ze staan.'

En omdat een plezierige werksfeer óók belangrijk is, organiseert Remotive twee keer per jaar een teambuilding. Elke vrijdag is het 'Remotive Café'. 'Om de werkweek af te sluiten en op een leuke manier het weekend in te gaan', zegt Tina. Het Evergemse bedrijf verwent zijn werknemers dus. 'Maar dat loont', weet Tina. 'We hebben weinig verloop. De mensen werken hier graag. Want ze krijgen kansen en voelen zich gewaardeerd. En dat vertellen ze ook verder.'

Om getalenteerde medewerkers aan te trekken (en aan boord te houden), moet je als werknemer meer bieden dan een aantrekkelijk of marktconform salaris. Extralegale voordelen – 'extra' vergoedingen bovenop het loon – bieden heel wat mogelijkheden.

FOCUS OP COMPETENTIES

Ga niet (enkel) uit van diplomavereisten en randkenmerken voor het invullen van je vacatures. Kijk (ook) naar de verworven competenties en talenten van je medewerkers. Vaak is dat een doorslaggevende factor.

EXTRALEGALE VOORDELEN

Er zijn heel wat extralegale voordelen waarmee je medewerkers kunt aantrekken en behouden. Maaltijd-, eco- en/of cadeaucheques, bijvoorbeeld. Of een fietsvergoeding, een forfaitaire onkostenvergoeding, een bedrijfswagen, een gsm, een laptop of een internetabonnement. Je kunt je werknemers een aanvullende kinderbijslag geven of een aanvullend pensioen. Sommige bedrijven laten hen deelnemen in de winst. Je kunt ook een verzekeringspolis afsluiten voor je werknemers, zoals een groepsverzekering of een hospitalisatieverzekering ...

Salubris, Aalter

'Ja, een groepsverzekering kan ook in een familiebedrijf'

'Een loon en twintig vakantiedagen is al lang niet meer genoeg om je mensen te behouden én nieuwe aan te trekken', beseffen ze bij Salubris in Aalter. Dus kregen alle medewerkers een hospitalisatieverzekering én een groepsverzekering. Dat laatste deed Salubris met een loonherverkaveling.

'Voor ons is het niet gemakkelijk om goede medewerkers te vinden', geeft Filip Peeters toe. Hij is operationeel manager bij Salubris in Aalter, een groothandel in schoonmaakproducten en -materialen. 'Omdat we in het hele land klanten hebben, willen we dat een aantal van onze mensen tweetalig zijn. Dat is echt niet vanzelfsprekend. Ons bedrijf groeit sterk, dus zijn we eigenlijk voortdurend op zoek naar nieuwe krachten. En tegelijk willen we de goede medewerkers die we al hebben, niet kwijtspelen aan de concurrentie.'

Salubris besefte dat het werk moest maken van extralegale voordelen. 'Een loon en twintig vakantiedagen is al lang niet meer genoeg om je mensen te behouden én nieuwe aan te trekken', weet Filip. 'Je moet op zijn minst bieden wat de concurrentie biedt.' Dus kregen alle medewerkers het voorbije jaar een hospitalisatieverzekering. 'We wilden hen ook graag een groepsverzekering geven', vertelt Filip. 'Alleen, we zijn een familiebedrijf. De bomen groeien niet tot aan de hemel, helaas. Liantis heeft ons uitgelegd dat we de groepsverzekering konden financieren via loonherverkaveling of loonoptimalisatie. Dat wil zeggen dat je als werkgever en werknemer een deel van het brutoloon investeert in de opbouw van een aanvullend pensioen, in de vorm van een groepsverzekering.' Voor nieuwe medewerkers gaat die regeling meteen van kracht, maar de huidige medewerkers moesten wel akkoord gaan om een stukje van hun brutoloon in te leveren. 'Liantis heeft het hen van naaldje tot draadje uitgelegd, en voor iedereen uitgerekend wat de loonherverkaveling concreet zou betekenen', zegt Filip. 'Uiteindelijk is iedereen akkoord gegaan.'

Toptalent binnenrijven, is één ding. Maar het kunnen behouden, is een andere zaak. Hoe je dat doet, lees je in het volgende deel.

3 HOE HOU JE JE MEDEWERKERS AAN BOORD?

Het is nooit leuk als een goede werknemer ontslag neemt. Je moet op zoek naar een vervanger, en die moet worden ingewerkt. Dat kost je bedrijf geld en tijd. Bovendien neemt de werknemer ook zijn kennis, ervaring en contacten mee naar zijn nieuwe werkgever. Het is dus belangrijk om je goede krachten tevreden te houden, zodat ze niet weggaan. En daar is méér voor nodig dan een concurrentieel salaris. Een goede communicatie, bijvoorbeeld.

COMMUNICEER MET JE WERKNEMERS

Het klinkt voor de hand liggend, maar het is uiterst belangrijk om goed met je personeel te communiceren. Een goede communicatie ligt aan de basis van een goede relatie tussen werkgever en werknemer. Goede communicatie geeft vertrouwen, en het is de enige manier om te weten te komen wat er op de werkvloer speelt. Praat met je mensen, ga met hen in dialoog, geef hen feedback, hou geregeld een functioneringsgesprek. Als er toch een werknemer ontslag neemt, is het een goed idee om een exitgesprek te houden. Je kunt eruit leren, en misschien voorkomen dat er nog meer mensen vertrekken.

Woonzorggroep GVO, West-Vlaanderen

'De beslissingslijnen zijn korter geworden'

'Van een "Eiffeltorenstructuur" naar een platte structuur.' Zo noemt Inge Bultinck, hr-manager van Woonzorggroep GVO, de grote ommezwaai in het personeelsbeleid. 'We weten nu beter wat er leeft op de werkvloer.'

Woonzorggroep GVO omvat tien woonzorgcentra in West-Vlaanderen. Er werken zo'n 1.200 mensen. 'Wij zorgen voor ouderen', legt Inge Bultinck uit. 'Wij willen hen omringen met de beste en warmste zorgen. Dat is waarvoor wij staan, dat is ons DNA. Onze medewerkers moeten ook dat DNA in zich dragen, of het lukt niet. Daarom hebben we anderhalf jaar geleden onze structuur "gekanteld": van een verticale "Eiffeltorenstructuur" naar een platte structuur.' Voordien had je bij Woonzorggroep GVO een directeur, een zorgcoördinator, een hoofdverpleegkundige en dááronder de basis: de vele zorgmedewerkers. 'Een hele hiërarchie, dus', zegt Inge. 'In de platte, horizontale structuur zijn er alleen nog de directeur, een team van coördinatoren en de basis.'

Om naar de platte structuur te kunnen gaan, kreeg een aantal mensen een nieuwe job of een andere invulling van hun job. Zo kwamen er onder meer twee gespecialiseerde coördinatoren. 'De coördinator "ethiek en dementie" buigt zich over de vele ethische dilemma's waarmee een woonzorgcentrum te maken krijgt', vertelt Inge. 'Euthanasie, intimiteit bij ouderen, of verbale en non-verbale agressie bij mensen met dementie, bijvoorbeeld. Als we met zo'n situatie worden geconfronteerd, hebben we vaak een hoop vragen. Daarmee kunnen we bij die coördinator terecht.'

Een andere coördinator-expert houdt zich bezig met 'innovatie en ontwikkeling', want ook in woonzorgcentra staat de technologie niet stil. 'Deze coördinator zette onze digitale apotheek op orde', zegt Inge. 'Om medicatie toe te dienen, gaan onze zorgmedewerkers op pad met een mobiele computer: de "Med Eye", het medisch oog. Die scant de pillen en tabletten op uiterlijke kenmerken zoals de vorm en de kleur. Zo'n technische innovatie maakt de kans op fouten kleiner.'

De platte structuur heeft heel wat voordelen, vindt Inge. 'De beslissingslijnen zijn korter en de directie heeft meer contact met de medewerkers, de bewoners en hun familie', zegt ze. 'Bovendien hebben de medewerkers meer inspraak en meer autonomie bij het uitvoeren van hun taken. En omdat er een veel directer contact is tussen de medewerkers aan de basis en hun oversten, weten we ook sneller wanneer iemand ergens mee zit. We kunnen er dan ook sneller op reageren.' Dat is belangrijk, zegt ze. 'Onze medewerkers zorgen voor onze bewoners. Het is aan ons om te zorgen voor onze medewerkers. We willen graag dat ze lang bij ons blijven werken. Dat vinden onze bewoners ook fijn. Ze houden van vertrouwde gezichten.'

Wil je je medewerkers aan boord houden, dan moet je ervoor zorgen dat ze hun werk graag doen. Hun job moet boeiend, uitdagend, zinvol en plezierig zijn. Je moet dus vermijden dat je werknemers vertrekken, omdat ze uitgekeken zijn op hun job, of hun werk om welke reden dan ook niet meer aangenaam vinden.

HOU DE FUNCTIES BOEIEND

Hoe doe je dat? Zorg ervoor dat werknemers voldoende **autonoom kunnen werken**. Delegeer taken. Geef je werknemers meer verantwoordelijkheid. Of doe aan taakroulatie, waarbij je je werknemer (tijdelijk) op een andere taak, functie of werkplek plaatst. **Herontwerp de jobs.** Je kunt bestaande jobs aanpassen door er taken, verantwoordelijkheden en bevoegdheden aan toe te voegen of weg te halen. Dat heet '**jobdesign**'. '**Jobcrafting**' kan ook: dan modeleer je een bestaande functie op maat van de werknemer.

Als je een job herontwerpt, vertrek je dus niet meer van de functiebeschrijving. Je vertrekt van wat mensen goed kunnen of graag willen doen. Het maakt medewerkers vaak gemotiveerder. Jobs herontwerpen, is ook een manier om **oudere personeelsleden** aan de slag te houden. Ze krijgen de kans om taken op te nemen die ze nog wel aankunnen én waarin ze, door hun jarenlange ervaring, een meerwaarde kunnen zijn.

PODCAST

Stijn Devillé van OPEK Cultuurhuis
'Ondernemers en theatermakers hebben veel met elkaar gemeen'
Allebei hebben ze verbeelding nodig, om van 'niets' 'iets' te maken. Bovendien is geld nooit hun belangrijkste motivatie, wel de goesting om uitdagingen aan te gaan. In OPEK Cultuurhuis brengt theatermaker en auteur Stijn Devillé maatschappelijke organisaties naar de zaal, om er actuele sociale thema's 'in de buik te voelen'.

https://online.ondernemersacademie.be

RCA, Hasselt en Diegem

'Aangepast werk na lang ziekteverlof'
Waarom een goede werkneemster laten gaan als je haar ook een andere functie in je bedrijf kunt aanbieden? Dat deed Bruno Leyssens, partner in communicatiebureau RCA in Hasselt en Diegem. 'Een win-winsituatie', noemt hij het.

'Toen onze medewerkster van de pr-afdeling na een lang ziekteverlof weer terugkwam, had ze haar ontslagbrief bij zich', vertelt Bruno. 'Ik ben beter', zei ze, 'maar als ik deze job blijf doen, duurt het niet lang voor ik herval.' Haar functie op de pr-dienst was er een met lange dagen en flink wat stress. 'Ze heeft de ziekte van Crohn, en stress doet haar klachten weer opflakkeren.' Maar Bruno zag de medewerkster niet graag vertrekken. 'Ze is een goede kracht. Ze werkt hard en gestructureerd, ze is punctueel én ze ligt goed in de groep. Toevallig konden we nog iemand met die kwaliteiten gebruiken op de administratieve dienst.' De medewerkster greep de kans met beide handen. 'Ze kreeg een interne opleiding en is geleidelijk aan haar nieuwe job begonnen. Ze krijgt afgebakende taken, zodat het niet te stresserend wordt. En intussen is ze helemaal opengebloeid.'

Iedereen tevreden, dus. 'Want de medewerkster moest niet op zoek naar een nieuwe baan én wij niet naar een nieuwe collega', zegt Bruno. Toch is het niet vanzelfsprekend om voor iedereen een job op maat te vinden. 'Nu hadden we toevallig iemand met haar profiel nodig voor de administratie, maar zo'n oplossing heb je natuurlijk niet altijd. En dan moét je wel een goede medewerker laten gaan, hoe erg je dat ook vindt.'

Als je wilt dat je medewerkers blijven, zorg dan dat ze zich verbonden voelen met je onderneming. Medewerkers die zich verbonden voelen met het bedrijf waar ze werken, zijn geëngageerder en productiever. Ze keren dat bedrijf niet zo gauw de rug toe.

ZORG VOOR VERBONDENHEID MET JE BEDRIJF

Hoe creëer je een betere verbondenheid tussen je bedrijf en je medewerkers?

- **Zet de neuzen in dezelfde richting**. Formuleer een visie voor je bedrijf. Zoek uit welke kernwaarden belangrijk zijn voor jou als bedrijfsleider en voor je bedrijf. Bepaal waar je naartoe wilt. En leg aan elke medewerker uit wat zijn aandeel in het grote geheel is.
- Zorg voor **sociale verbondenheid**. Medewerkers die het goed met elkaar kunnen vinden, zitten beter op hun plek – en presteren daardoor meestal ook beter. Laat hen samenwerken, afdeling- en/of locatieoverstijgend als dat kan. Het stimuleert de samenhorigheid, het teamgevoel en de collegialiteit.
- **Toon je waardering** voor je medewerkers. Geef hen een compliment, toon dat je weet waarmee ze bezig zijn. Moedig hen aan. Leef met hen mee als het minder gaat. Vier prestaties en dienstjaren. Denk aan een persoonlijke attentie bij een familiale gebeurtenis zoals een geboorte, een huwelijk of een overlijden. Vier succes samen.
- Om diezelfde reden mag je als organisatie ook **focussen op het plezier**. Doe eens gek op een vrijdag en haal pizza's voor de afdeling.

- **Laat weten hoe het met de organisatie gaat**. Communiceer resultaten, doelen en toekomstplannen. Als medewerkers geen idee hebben hoe het met hun werkgever gaat en wat er precies zal gebeuren de komende tijd, ontstaat er afstand. Laat medewerkers regelmatig weten wat er speelt en geef hen de kans om met opmerkingen, vragen en ideeën te komen.

Een drukke baan, een druk gezinsleven: veel werknemers vinden het moeilijk om al hun ballen in de lucht te houden. Zit de werk-privébalans niet goed, dan heb je ontevreden personeelsleden. Als je hen wat meer flexibiliteit en vrijheid geeft om hun werk te organiseren, lukt het hen vaak beter om een evenwicht te vinden.

ONDERSTEUN DE WERK-PRIVÉBALANS

Met **flexibele werktijden** kunnen werknemers hun werkuren beter afstemmen op belangrijke privéverplichtingen, zoals de kinderen naar school brengen of naar de dokter gaan. Als je je mensen geregeld laat **thuiswerken**, of op een andere plek die hen goed uitkomt, lukt het hen ook beter om werk en privé in balans te houden.

Door de coronacrisis kreeg thuiswerken een enorme boost. Omdat het niet anders kon, vielen veel praktische en andere bezwaren weg en lieten heel wat bedrijven hun medewerkers vlot toe om thuis te werken. Toch is thuiswerken niet altijd zo ideaal. Sommigen vinden dat er thuis te veel afleiding is, anderen vinden het dan weer te eenzaam. Bovendien heeft niet iedereen thuis een goede plaats om te werken. Op kantoor is er meestal nog aandacht voor de ergonomie van de werknemer, met bijvoorbeeld verstelbare bureaus en stoelen. Een hele dag thuiswerken aan de keukentafel is moeilijk vol te houden.

Misschien kun je voor **extra faciliteiten** zorgen: geef je mensen meer vakantiedagen, bijvoorbeeld. Of een onbeperkt aantal vakantiedagen, op voorwaarde dat het werk wordt uitgevoerd én er goed is overlegd met collega's. Misschien kun je zorgen voor sportfaciliteiten op het werk, of kinderopvang of ...

Marbles, Berchem

'Onbeperkt betaald verlof, en toch geen misbruiken'
Werken waar en wanneer je wilt én vakantiedagen à volonté? Dat kan bij Marbles, een communicatiebureau in Berchem. 'Vertrouwen en loslaten, daar gaat het om', zegt CEO Tom Herrijgers.

Toch ging het er bij Marbles niet altijd zo vrij en vrolijk aan toe. 'Tot 2015 was ik *de baas*', vertelt Tom. 'Ik regelde en controleerde alles, en was een vat vol stress. Marbles telde een tiental medewerkers, en bij niemand zat de werk-privébalans écht goed. Ik zag jonge mensen in een burn-out glijden, het was niet plezierig meer. Ik ben toen eens goed gaan nadenken', zegt Tom. 'Over wat ik wilde voor mezelf en voor Marbles. Mensen helpen met hun communicatie, dat wilde ik. Maar ik wilde ook meer flexibiliteit, en meer vrijheid. Toch vond ik lange tijd dat we al heel flexibel waren: mensen mochten 's ochtends beginnen tussen acht en tien. Maar wat als ze nu om halfacht willen beginnen? Of pas arriveren om tien over tien? Is dat dan zo erg? Zolang het werk maar gedaan is?'

Tom schafte de kleine regeltjes een voor een af. 'Werknemers moeten achtendertig uur werken, dat staat in hun contract en daarmee kunnen we een gezond bedrijf uitbouwen', zegt hij. 'Maar wanneer en waar dat gebeurt, maakt niet uit. Medewerkers kunnen hun kinderen van school halen, thuisblijven als een kind ziek is: geen probleem. Kind blij, partner blij, medewerker blij. En wij blij, want een blije medewerker straalt dat af op zijn werk.' Onbeperkt betaald verlof was de volgende stap. 'Iedereen bij ons is verplicht om twintig verlofdagen op te nemen. Wil je nog twee weken extra, omdat je aan 't verbouwen bent? Of een verre reis wilt maken? Dat kan, zolang het werk maar gebeurt en je afstemt met je collega's.'

Zoveel vrijheid, en toch maakt niemand er misbruik van, stelt Tom vast. 'Vrijheid gaat samen met vertrouwen en verantwoordelijkheid', vindt hij. 'En als je vertrouwen wilt van je personeel, is openheid weer heel belangrijk. Alle medewerkers weten waar Marbles voor staat: wat we doen, wat we niet doen, welke klanten we willen, welke we niet willen. Ze weten wat onze kosten zijn, en hoeveel omzet we moeten draaien. Ze weten ook dat we onze targets moeten halen, omdat het verhaal anders niet blijft duren. Als het kantoor leeg is omdat iedereen tegelijk met verlof is, lukt dat niet.'

Wat bij Marbles kan, kan volgens Tom in elk bedrijf. Met elk type medewerkers. 'Wél kijken we bij een sollicitatie of een kandidaat genoeg soft skills heeft: communicatievaardigheden, verantwoordelijkheidszin, feedback kunnen geven en ontvangen, oplossingsgericht kunnen denken ... Pas daarna kijken we wat hij écht kan.' De vraag is of de ondernemer – de 'baas' – het aankan om zijn medewerkers zoveel vrijheid te geven. 'Je moet kunnen vertrouwen en loslaten', zegt Tom. 'Daar gaat het om.'

Nu het steeds moeilijker wordt om geschikt personeel te vinden, is het verstandig om je bedrijf en je werknemers onder de loep te nemen: wie kan worden omgeschoold? Wordt ieders talent volledig benut? Geef je medewerkers de kans om te groeien en zich te ontwikkelen.

STIMULEER GROEI EN ONTWIKKELING

Medewerkers die van hun werkgever de kans krijgen om zich bij te scholen, voelen zich meer gewaardeerd, zijn gemotiveerder én solliciteren niet bij de concurrent. Maak dus van die *war for talent* een *care for talent*! Opleiden is het nieuwe rekruteren.

Technologieën en bedrijfsprocessen veranderen in een razend tempo. Onze vaardigheden en diploma's zijn steeds minder lang houdbaar. We hebben dus geen keuze: we moeten voortdurend bijleren. Maar er is nog werk aan de winkel. Hoewel iedereen de noodzaak van levenslang leren inziet, doet België het niet zo goed in de praktijk. In 2018 volgde amper 8,5 procent van de 25- tot 64-jarigen in de voorbije maand een of andere vorming.[55] We scoren hiermee lager dan het EU-gemiddelde van 11 procent. Niet alle medewerkers staan te springen om een opleiding te volgen. Leg hen dus uit waarom die nodig is: voor de groei van het bedrijf, maar óók voor hun persoonlijke ontwikkeling.

> *Hoewel iedereen de noodzaak van levenslang leren inziet, doet België het niet zo goed in de praktijk.*

Er bestaan verschillende vormen van opleidingen. Afhankelijk van het onderwerp, de voorkennis en de persoonlijke voorkeur van je medewerkers is de ene vorm al geschikter dan de andere: werkplekleren

(leren op of bij de werkvloer), duaal leren (op school en op de werkvloer), e-leren (studeren waar je wilt, wanneer je wilt en op je eigen tempo). Je kunt ook interne opleidingen aanbieden, seminaries organiseren ... De nieuwste technieken zoals augmented reality (waar echte beelden met geanimeerde beelden worden verrijkt) en gamificatie (al 'spelend' leren) maken de opleidingen alleen maar boeiender.

ZORG VOOR EEN VEILIGE EN GEZONDE WERKOMGEVING

Sinds de coronacrisis moet je als werkgever extra aandacht hebben voor **hygiëne op de werkvloer**. Zorg dus voor voldoende gelegenheden om de handen te wassen, en voorzie in desinfecterende handgels en mondmaskers.

Daarnaast is het belangrijk dat je aandacht hebt voor het **algemeen welzijn** van je mensen en dat je een actief gezondheidsbeleid voert. Daar heb jij als werkgever alle belang bij! Want gezonde werknemers zijn minder ziek, blijven minder vaak thuis, zitten lekker in hun vel en zijn productiever.

Daarvoor kun je heel wat initiatieven nemen. Zoals regelmatig een medisch onderzoek organiseren, een vertrouwenspersoon aanduiden, je medewerkers met een uitgestippeld plan aanzetten om meer te bewegen, ergonomische aanpassingen doen ... Liantis kan je helpen bij het uitbouwen van een psychosociaal, veiligheids- en gezondheidsbeleid dat past bij jouw onderneming en medewerkers.[56]

4 MAAK WERK VAN DIVERSITEIT

Terwijl het aantal vacatures toeneemt, stellen we vast dat een heleboel groepen in de samenleving achterop blijven: vrouwen, herintreders, ouderen, personen met een handicap, personen van vreemde afkomst... Dat is zonde, want zo wordt een hoop talent niet benut.

Er kunnen een heleboel redenen zijn waarom mensen uit die kansengroepen niet aan de bak komen. Misschien hebben ze niet het juiste opleidingsniveau of de juiste vaardigheden, of kampen ze met een taalachterstand. Maar vaak hebben werkgevers ook vooroordelen. Dat is menselijk, iedereen gaat wel eens - bewust of onbewust - van vooroordelen uit. Maar daarom kloppen ze nog niet.

Zet die vooroordelen dus aan de kant en verruim je blik! Want iedere persoon met de juiste vaardigheden, kennis en talenten verdient een eerlijke kans op de arbeidsmarkt. Hoe divers we ook zijn, in gender en leeftijd, of culturele, etnische of religieuze achtergrond, we verdienen allemaal een zinvolle job, die bij ons past.

Als werkgever heb je heel wat te winnen bij een divers medewerkersbestand. Omdat je uit een **grotere talentenvijver** vist, heb je meer kans om die geknipte medewerker te vinden. Zorg er dus voor dat je vacature wordt opgepikt door kansengroepen en gebruik de juiste kanalen om je jobadvertentie te verspreiden.

Heeft je bedrijf mondiale ambities, dan is het ook handig mensen in je organisatie te hebben die de juiste **taal** spreken, om te kunnen communiceren met klanten of businesspartners. Het werken met een divers team biedt bovendien vaak meer inzicht in de praktijken en tradities van **andere culturen**.[57]

Hoe meer divers je medewerkersbestand is, hoe breder ook de **mix van vaardigheden en ervaringen** is die je in huis hebt. Je werknemers leren dan van elkaar. Organisaties die diversiteit op de werkvloer hanteren, zijn **vernieuwender** en lossen problemen vaak beter op.
Ze hebben mensen in dienst die het anders doen, en dat geeft nieuwe inzichten.[58]

> *Organisaties die diversiteit op de werkvloer hanteren, zijn vernieuwender en lossen problemen vaak beter op.*

Diversiteit in je bedrijf levert je verder **concurrentievoordeel** op. Want medewerkers met uiteenlopende achtergronden weten beter wat er speelt onder diverse klanten van je bedrijf.

Een divers medewerkersbestand, waarmee al je klanten zich kunnen identificeren, is daarnaast **goed voor je imago**, je employer brand. Tegelijk is diversiteit goed voor een open en tolerante **werksfeer**. Zo blijven je werknemers langer aan boord en zo trek je makkelijk nieuwe mensen aan. En last but not least: als je iemand uit een kansengroep aanwerft, geniet je vaak een **vermindering van de werkgeversbijdrage**.[59] In sommige gevallen krijg je ook financiële ondersteuning[60], zoals de Vlaamse Ondersteuningspremie, of extra begeleiding.

Sensotec, Jabbeke

'VDAB betaalt hulpmiddelen voor honderd procent terug'

Waarom zou een slechtziende niet de boekhouding kunnen doen? Of zou een blinde de klantendienst niet kunnen bemannen? 'Het zijn mensen zoals u en ik, die willen en kunnen werken', vindt Falk Beerten van Sensotec in Stabroek.

Sensotec maakt en verdeelt hulpmiddelen voor mensen die slecht zien, blind zijn, of lees-, schrijf- of leermoeilijkheden hebben. Hun softwarepakketten, beeldschermloepen, lampen, spraaktechnologie enzovoort maakt het die mensen makkelijker in het dagelijkse leven, op school én op het werk.

Want natuurlijk kunnen blinden en slechtzienden ook gewoon werken. Sensotec heeft zelf twee werknemers met zichtproblemen in dienst. 'Onze administratieve kracht is slechtziend, maar met een beeldschermloep en speciale software trekt hij zich prima uit de slag', vertelt zaakvoerder Falk Beerten. 'Hij doet de boekhouding, de facturen en alle andere administratie.' De man van de klantendienst is dan weer blind. 'Deze collega werkt met speciale software én spraaktechnologie.'

Iemand aanwerven met een arbeidsbeperking vraagt wel wat administratie, geeft Falk toe. 'Maar eens dat geregeld is, valt het allemaal wel mee. Alle hulpmiddelen worden voor honderd procent terugbetaald door de VDAB. En wij krijgen een Vlaamse Ondersteuningspremie. Die kun je aanvragen als je medewerker ietwat trager werkt, wat vaker afwezig is of begeleiding nodig heeft.'

Falk is heel tevreden over zijn twee bijzondere werknemers. 'Ze doen hun werk heel goed. Dat onze medewerker van de klantendienst blind is, is eigenlijk zelfs een troef. Want vaak heeft hij zelf ervaring met de problemen waarmee de klanten worstelen.'

'Ook als ik niet in deze sector zou werken, zou ik overwegen om mensen met een arbeidsbeperking in dienst te nemen', denkt Falk. 'Waarom niet? Als ze het geschikte profiel hebben? Ik wil graag dat mijn bedrijf een afspiegeling is van de maatschappij. Want we kunnen van iedereen leren: van ouderen, jongeren, mensen van hier en van andere origine. En dus óók van mensen met een beperking.'

En waarom zou je niet er bewust voor kiezen om een **oudere werknemer** in dienst te nemen?

Net als bij andere kansengroepen heersen er heel wat vooroordelen over het in dienst nemen van oudere medewerkers. Ze zouden erg duur zijn, bijvoorbeeld. Gedeeltelijk is dat ook zo. In heel wat sectoren zijn loonbarema's opgesteld op basis van anciënniteit. Maar omdat je bij aanwerving van 58-plussers een vermindering van de werkgeversbijdragen kunt krijgen, vallen die hoge loonkosten nog wel mee.[61]

Bovendien hebben ervaren medewerkers heel wat troeven.[62] Vaak zijn ze bijvoorbeeld erg **loyaal** tegenover hun werkgever. Ze melden zich minder vaak ziek en doen minder aan jobhopping dan jongere mensen. Door hun jarenlange ervaring kunnen ze ook verrijkend zijn voor je team. Oudere werknemers zijn verder vaak **uitstekende coaches**. Ze vangen nieuwe collega's op en ondersteunen hen. Soms zijn ze ook **flexibeler** dan hun jongere collega's. Omdat hun kinderen het huis al uit zijn, zijn ze minder gebonden aan vaste uren. Door hun levenservaring **relativeren** ze bovendien vaak sneller en gaan ze gemakkelijker om met moeilijke situaties.

ModuleHome, Buizingen

'Oudere werknemers bijna nooit ziek'
'Wij hebben drie 58-plussers in dienst', zegt Eddy Mespreuve, CEO van ModuleHome in Buizingen. 'Je hoeft hen niks meer uit te leggen en bovendien: ze zijn bijna nooit ziek.'

Modulehome maakt houtskeletten in modules, voor onder meer prefabwoningen. 'In de bouwsector is het moeilijk om geschikt personeel te vinden', zegt Eddy. 'We werken samen met de VDAB, die ons af en toe ook wat oudere sollicitanten stuurt. Zolang ze gemotiveerd zijn en een redelijk loon vragen, zijn ze welkom.'

Dat laatste is niet altijd het geval, weet Eddy. 'Vorige week hadden we een kandidaat van 58 jaar met erg veel ervaring. Ideaal, dus. Alleen vroeg hij hetzelfde loon als bij zijn laatste job. Dat was voor ons onbetaalbaar, dus hebben we hem niet aangenomen.'

58-plussers op de werkvloer, dat heeft voor- en nadelen. 'Het hangt van de persoon in kwestie af, maar soms zijn ze wel heel erg gewend om de dingen op hun manier te doen', vertelt Eddy. 'Dan is het moeilijk om hen te overtuigen dat het anders moet. Sommige oudere werknemers zijn ook niet mee met de recentste technologie, of kunnen niet met de computer werken.'

Maar voordelen zijn er ook. 'Je hoeft hen niets meer uit te leggen', zegt Eddy. 'En ze dwingen respect af bij de jongere medewerkers, dat is mooi. Als het werk echt af moet zijn, zullen oudere werknemers ook gemakkelijker een tandje bij steken. Jongeren niet altijd. En wat écht opvalt: terwijl de jonge generatie voor het minste thuisblijft, zijn de ouderen bijna nooit ziek.'

Wie weet, vind je de ideale werknemers wel over de grens. Je kunt ook **buitenlandse werknemers** aanwerven. Voor kandidaten uit niet-EU-landen moet je wel een elektronische verblijfskaart of *single permit* hebben.

Fruit Vanhellemont, Meensel-Kiezegem

'Versoepel procedure om buitenlanders aan te werven'
Irakezen, Polen, Pakistanen, Roemenen, Congolezen, Kenianen, Nigerianen ...: in het hoogseizoen lijkt de halve wereld wel aan het werk bij Fruit Vanhellemont in Meensel-Kiezegem.

Dan zijn er tot wel zeventig seizoenarbeiders in de weer met fruit plukken en sorteren. Maar bedrijfsleider Mario Vanhellemont heeft ook buitenlanders in vaste dienst. 'Al is dat soms wel héél moeilijk om geregeld te krijgen', zucht hij.

Fruit Vanhellemont is een familiebedrijf dat fruit teelt en sorteert. Je kunt er ook terecht voor hoeve- en streekproducten, zoals confituur, jenevers en fruitsappen van eigen appels en peren. Er werken negen vaste mensen en een twaalftal seizoenarbeiders - een aantal dat tijdens het hoogseizoen dus stevig kan oplopen.

De seizoenarbeiders komen van overal. 'Ik werk in de eerste plaats met mensen die al in België wonen', zegt Mario. 'Die nodigen dan familie uit die overkomt uit landen als Roemenië, Turkije en Polen, en bij hen logeert. Ik heb nog nooit naar mensen moeten zoeken. De mond-tot-mondreclame doet alle werk.'

Al die verschillende nationaliteiten, culturen, talen en gewoonten: dat gaf in het verleden wel al eens problemen bij Fruit Vanhellemont. 'Daarom hebben we een paar jaar geleden een opleiding interculturele communicatie gevolgd. Daar hebben we veel aan gehad', vertelt Mario. 'Het ging over dingen als: "Belgen gebruiken een zakdoek, maar in sommige landen vinden ze dat vies. Terwijl Belgen het dan weer niet netjes vinden om op de grond te spuwen, zoals dat in sommige culturen gebeurt."'

De VDAB organiseerde ook een cursus 'Nederlands op de werkvloer' bij Fruit Vanhellemont. 'Die cursus was heel praktisch, met foto's van voorwerpen die we dagelijks gebruiken en de Nederlandse benaming erbij. Die afbeeldingen hangen nog steeds in onze refter.'

Buitenlanders in dienst nemen blijkt wel een bureaucratische beproeving. 'Voor de buitenlanders die hier wonen, is dat geen probleem. Ook niet voor de mensen uit landen van de Europese Unie, zoals Polen en Roemenië. Maar voor werknemers van buiten Europa is dat wel even andere koek', zegt Mario. 'Zo probeer ik al maanden een Indiër in dienst te nemen voor vast werk. Hij is de geknipte man voor de job. Om hem in dienst te kunnen nemen, moet ik aantonen dat ik geen Belg vind die het werk kan doen. Ik héb het bewijs van de VDAB: de vacature heeft een half jaar opengestaan. En toch krijg ik dit dossier niet rond. Voor heel wat kmo's zijn de procedures nogal stroef en niet aangepast aan de economische realiteit van onze bedrijven. Ik hoop dat daar in de toekomst verandering in komt.'

Waarom dan niet alleen buitenlanders uit EU-landen in dienst nemen? 'Die worden schaars', stelt Mario vast. 'Polen en Roemenen trekken liever naar landen dichter bij huis, zoals Duitsland. Of ze werken in hun eigen land, waar de economie ook groeit.'

Lukt het ondanks al je inspanningen niet om dat type werknemer te vinden dat je voor ogen hebt? Misschien moet je dan eens wat verder kijken, en nadenken over alternatieven.

5 ALTERNATIEF TALENT

In sommige gevallen kan een freelancer uitkomst bieden. En misschien is een robot wel een oplossing?

WERKEN MET FREELANCERS

In plaats van vruchteloos naar een vaste werknemer te zoeken, kun je ook kiezen voor een freelancer. Werken met freelancers heeft voordelen: ze zijn **gespecialiseerd** in hun vakgebied én ze zijn **flexibel**: je kunt ze inhuren voor een korte of langere periode. Pas wel op voor schijnzelfstandigheid. Je kunt geen freelancer continu inhuren en onder jouw gezag laten werken. Dat is strafbaar, omdat je op deze manier geen sociale bijdragen betaalt. Een freelancer is een zelfstandige die zelf voor dat statuut heeft gekozen. Hij werkt ook altijd autonoom.

WERKEN MET ROBOTS

Zomaar een werknemer vervangen door een robot, is natuurlijk een hele grote stap. In veel gevallen is het zelfs (nog) niet eens mogelijk. Maar het is wél een feit dat robotisering – het proces waarbij werkzaamheden worden overgenomen door robots – op steeds grotere schaal plaatsvindt. Volgens een rapport van het WEF (World Economic Forum) wordt vandaag 29 procent van het werk door machines uitgevoerd en 71 procent door mensen.[63] In 2022 zal 42 procent van het werk al door machines gebeuren en nog maar 58 procent door mensen. Terwijl de maatschappij nu is opgedeeld in een maaksector (nijverheid, handenarbeid) en een niet-maaksector (diensten), zal ze evolueren naar **routinejobs** (voor de robots) en **niet-routinejobs** (voor de mens).[64]

Voor de ondernemer heeft de robotisering van de werkvloer heel wat **voordelen**: robots werken 24 uur per dag, nemen nooit vakantie, zijn nooit ziek, vragen geen loonsverhoging en staken nooit. Maar in veel gevallen kunnen ze de mens niet vervangen. Ondanks alle technologische vooruitgang bezitten robots nog steeds **geen menselijke vaardigheden**. Ze kunnen niet creatief te zijn, ze kunnen niet omgaan met onvoorspelbaarheden, ze hebben geen probleemoplossende vaardigheden, ze kunnen niet kritisch denken, onderhandelen of overtuigen. En emotionele intelligentie hebben ze ook niet.

De **cobot** kan daar een antwoord op zijn. Dat is een robot die ontworpen is om samen te werken met mensen in een gemeenschappelijke werkomgeving (in tegenstelling tot een robot die autonoom taken uitvoert). De cobot kan het werk van werknemers vergemakkelijken, of zware of eenvoudige routinematige activiteiten overnemen. Dat helpt het welzijn van de medewerkers te verbeteren.

> *De cobot kan het werk van werknemers vergemakkelijken of activiteiten overnemen.*

Maar sowieso zal de robotisering een enorme **impact op de arbeidsmarkt** hebben. Er zullen **banen verdwijnen**. Jobs met veel repetitieve en routinematige taken kunnen gemakkelijk door robots worden gedaan. Het zijn de administratieve jobs en de jobs voor lager- en middenopgeleiden. Maar er zullen ook **nieuwe banen bijkomen**, zij het dan voornamelijk voor hoger opgeleiden: voor ontwikkelaars van apps en algoritmes, bestuurders van drones, of mensen die patiënten via computers kunnen monitoren, bijvoorbeeld. Er zullen ook veel jobs **veranderen van inhoud**. Een job waarvoor een werknemer vandaag die en die competenties nodig heeft, vraagt over een tijd wellicht heel andere competenties. Het is dus belangrijk dat mensen voortdurend bijscholen.

Auva, Limburg

'Robots perfect voor onthaal of administratie'

Een robot in je winkel die je klanten welkom heet en hun een koffie aanbiedt? Die je klanten een ticketje geeft voor de juiste wachtrij? Of die het pakje van de klanten aanneemt, zodat die niet nodeloos moeten wachten?

Volgens Raf Coomans kan dat allemaal. Hij is bedrijfsleider van Auva, een IT- en telecomwinkel met een webshop en acht fysieke winkels in Limburg. Raf wil binnenkort robots inzetten in zijn winkels. 'Niet om onze verkopers te vervangen, integendeel', zegt hij stellig. 'Onze verkopers moeten praten met de klanten! En luisteren, zodat ze weten wat de klanten precies zoeken. Alleen zo kunnen ze hen de juiste producten aanbieden. De robot doet de routinezaken, of de administratie. Zo hebben de verkopers meer tijd voor de klanten.'

Raf Coomans wil de robots niet alleen in zijn winkel aan het werk zetten, hij verkoopt ze ook. 'Robots zijn bijvoorbeeld handig aan het onthaal van een gemeentehuis. Ze kunnen aan bezoekers vragen waarvoor ze komen en hen meteen naar de wachtrij voor de juiste medewerker verwijzen. Maar ze komen ook van pas in de wachtzaal van de dokter. Om bijvoorbeeld je identiteitskaart in te scannen, afspraken te noteren of andere administratieve taken uit te voeren.' Ook in de zorgsector zijn robots nuttig, weet Raf. 'Robots kunnen ervoor zorgen dat senioren langer thuis blijven wonen. De robot kan het licht of de tv bedienen, of de deur openen. Er zijn robots die in een noodsituatie familie of een callcenter kunnen bellen, waarbij die via een camera in de robot de situatie kan inschatten. Op diezelfde manier kunnen robots in een rusthuis iemand detecteren die rondloopt in de gangen én zien of het een personeelslid is of een bewoner met dementie die ronddwaalt. De robot neemt dan de bewakingstaken over van het personeel, dat zo meer tijd heeft om echt voor de bewoners te zorgen.'

5 MOBILITEIT: KIEZEN OF DELEN

[Cijfer: 1.151,10 euro betaalde een gemiddeld Belgisch gezin in 2018 aan extra kosten door in de file te staan.]

Vrachtwagens staan stil, bestelwagens raken niet door de verkeersknoop, ladingen zitten vast en werknemers komen te laat op hun werk of bij de klant: we verliezen met z'n allen heel veel tijd in de files. Kostbare tijd.

De kosten van de verkeersopstoppingen in 2018 worden geschat op 383,70 euro per inwoner. Een gemiddeld Belgisch gezin – ouders met één kind – betaalt zo 1.151,10 euro aan onder meer vervroegde slijtage van de auto, extra tankkosten en verloren (werk)tijd. En dan rekenen we de schade aan het wegennet en de milieukosten nog niet mee.[65]

De auto is nog steeds onze favoriet voor het grootste deel van onze verplaatsingen. Ook voor relatief korte ritten nemen we nog erg vaak de wagen. Bij ruim een kwart van de automobilisten blijft het woon-werkverkeer beperkt tot minder dan 10 kilometer dag, heen én terug samengeteld.[66] Maar voor het eerst stellen verkeersdeskundigen een – voorzichtige – kentering vast.[67] **In 2019 daalde de filedruk voor het eerst**. Terwijl we in 2018 nog 1.588 uur vastzaten in een structurele file van 100 kilometer, was dat in 2019 nog 1.485 uur. Hoe komt dat? De toename van de automobiliteit is stilgevallen: **iedereen die een auto kan of wil kopen, heeft er intussen een.** Er komen alleen nog auto's bij, omdat de bevolking en de economie groeien, en dat is iets van 1 à 2 procent per jaar.

De economische kosten van filerijden zijn erg hoog en de tolerantiegrens van chauffeurs en pendelaars is beperkt. Zodra de gemiddelde tijd die mensen per etmaal op de weg doorbrengen langer wordt dan 60 à 90 minuten, zoeken ze voor hun verplaatsingen andere tijdstippen of vervoermiddelen. Of ze zoeken ander werk of verhuizen. Ook ondernemingen passen hun arbeidsorganisatie of bedrijfsprocessen aan.

We gebruiken onze auto selectiever. In 1999 stapten we in de auto voor 67 procent van onze verplaatsingen, in 2019 nog voor 61 procent. Vooral in de steden kiezen we in 20 procent van de gevallen voor het openbaar vervoer. Om naar het werk te gaan, nemen we voor de korte verplaatsingen vaker de fiets of de speedpedelec. Is de afstand te groot, dan is telewerk een oplossing om de files te vermijden. Hoe dan ook, de files zijn een feit. Wil je als ondernemer minder tijd en geld verliezen in het verkeer, dan moet je op zoek naar oplossingen. En meestal is er niet één oplossing, wel een combinatie van vervoermiddelen die ons het snelst brengt waar we moeten zijn. Met de auto naar het station, dan de trein op, daarna de deelstep tot bij de klant? Goed voor het milieu, én de benen!

Sinds de coronacrisis veranderde er heel wat op het vlak van onze mobiliteit. We namen minder vaak het openbaar vervoer. En ook na de lockdown bleven bussen, trams en treinen maar voor 10 à 20 procent gevuld. Zelfs met het verplichte mondmasker blijken mensen er niet gerust in te zijn dat ze anderhalve meter afstand van andere reizigers kunnen bewaren.

Omdat we tijdens de lockdown alleen de auto mochten nemen voor 'essentiële verplaatsingen', was het apocalyptisch rustig op de snelwegen. Wekenlang was er geen enkel filebericht te horen op de radio.
Ook na de lockdown reden er beduidend minder auto's op de wegen. Al leek dat niet altijd zo, want opeens doken er weer files op. Die waren echter niet te wijten aan de hoeveelheid auto's, wél aan wegenwerken en ongevallen.

Door de coronacrisis ontdekten veel mensen ook de fiets. Vreemd genoeg viel de fietsverkoop tijdens de lockdown echter stil, omdat klanten een fiets liever niet online kopen. Ze willen persoonlijk advies in een fysieke winkel, en vaak moet de fiets hier en daar nog wat worden aangepast. Toen de fietsenwinkels weer opengingen, boomde de fietsenverkoop dan ook als nooit tevoren.[68]

Welke impact de coronacrisis op lange termijn op de mobiliteit en de files zal hebben, moet nog blijken. Zal de crisis een stap terug betekenen, omdat we minder het openbaar vervoer nemen? Of krijgen we net minder files, doordat we meer thuiswerken?

Hoe dan ook, de komende jaren worden nog pittig op de weg. Er zijn grote infrastructuurwerken gepland op zowel de Brusselse als de Antwerpse Ring, en die zullen voor heel wat verkeersellende zorgen.

In dit hoofdstuk lees je hoe je toch sneller door de zenuwslopende en tijdrovende files raakt, en welke middelen er bestaan om ondernemers daarbij te helpen. Je leest ook wat je als ondernemer kunt doen om je medewerkers - op een duurzame manier - mobieler te maken. En als je je als ondernemer kunt vestigen in een dorps- en stadskern, is het mobiliteitsprobleem vaak al minder groot.

PODCAST

Sophie D'Hulst van bouwbedrijf dhulst'
'Alleen projecten in de buurt'

Sophie D'Hulst staat aan het roer van Bouwbedrijf dhulst, een familiezaak in Lier. De onderneming neemt alleen projecten aan in een straal van 25 kilometer 'rond de Zimmertoren'. 'Een troef in de *war for talent*', stelt Sophie vast. 'Onze vacatures voor de kantoorjobs zijn meteen ingevuld.' Daarnaast is minder lang onderweg zijn beter voor het milieu. 'Dat is ook meegenomen, want we beseffen dat de bouwsector erg vervuilt.' Sophie heeft frisse ondernemersideeën en staat haar mannetje in de bouw. Ze is ervan overtuigd dat haar opleiding 'woord en drama' daarbij helpt.

https://online.ondernemersacademie.be

1 SNELLER DOOR DE FILE

Hoe kom je snel van a naar b als het verkeer weer eens strop zit? Hoe krijg je dat pakje op tijd bij je klant? En hoe vinden je klanten de weg naar jouw onderneming? We sommen wat mogelijkheden voor je op.

GEDEELDE MOBILITEIT

Het voordeel van gedeelde mobiliteit is dat niet iedereen met zijn eigen vervoermiddel de baan op moet. Je deelt een vervoermiddel met anderen en je gebruikt het alleen als je het nodig hebt. Dat is efficiënt, goedkoop én beter voor het milieu.

De deelfiets, de deelstep, de deelscooter, de deelauto ... Gedeelde mobiliteit bestaat voor heel wat vormen van vervoer. Deelsystemen bestaan ook in verschillende vormen. Deelauto's bijvoorbeeld, worden in grote steden vaak door private spelers aangeboden. Maar ook kleinere gemeenten lopen warm voor autodelen. Soms start het initiatief op buurtniveau - we delen de auto en de kosten maar maken geen winst - en soms stelt de gemeente haar dienstauto's in het weekend beschikbaar. Het peer-to-peer-(p2p)-systeem kan ook: op een platform registreer je je deelauto die je ter beschikking stelt van anderen.

Bij de deelsystemen kun je een onderscheid maken tussen *free floating*- en *station based*-systemen. Bij *free floating* mag je het vervoermiddel achterlaten waar je wilt, maar vaak wel binnen een bepaalde zone. Bij *station based* moet je het terugbrengen naar een vaste plek. Er is ook een verschil tussen *round trip*- en *one way*-systemen, meestal voor autodelen. Bij *round trip*-systemen haal je de auto op en breng je hem weer terug in dezelfde stad. Met *one way*-systemen mag je de auto in een andere stad achterlaten.

Heel wat experts verwachten dat autodelen erg belangrijk wordt. Zeker wanneer de zelfrijdende wagen gebruiksklaar is, en zijn weg naar ons verkeer vindt.

MAAS: MOBILITY AS A SERVICE

MaaS staat voor *mobility as a service*. Mobiliteit als een dienst, dus. Het biedt vervoersoplossingen aan op maat van de gebruiker.

Hoe werkt het?

MaaS is eenvoudig toegankelijk via een app op je smartphone. Het integreert de verschillende mobiliteitsaanbieders: openbaar vervoer, deelsystemen van auto's, fietsen of e-steps, en waarschijnlijk zul je ook een stukje van je traject al wandelend afleggen. MaaS wil het gebruik van de eigen auto verminderen door alternatieven te combineren op een vloeiende en gebruiksvriendelijke manier.[69] Maar het is helaas nog wachten op de échte MaaS-app. Er zijn al wel een heleboel initiatieven die in die richting gaan.

- Bij Olympus, een organisatie van VAB, Cambio en Taxistop, kunnen bedrijven terecht die hun werknemers willen laten kiezen uit alternatieve en minder stresserende vervoersmogelijkheden. Via de app kopen de werknemers treintickets, nemen ze de tram, of huren ze een fiets of een deelauto. Alle kosten worden op één factuur naar het bedrijf gestuurd.[70]
- In Antwerpen is er Whim, de mobiliteitsapp van het Finse bedrijf MaaS Global. Het combineert verschillende vervoersmogelijkheden in één maandelijks abonnement. Maar de app is voorlopig nog beperkt tot Antwerpen.[71]
- Geen app, en ook beperkt tot Antwerpen, is SlimnaarAntwerpen.be. De website bevat een routeplanner die verschillende vervoermiddelen combineert, maar maakt je ook wegwijs in de wegenwerken en geeft info over de lage-emissiezone (LEZ) bijvoorbeeld. Slim naar Antwerpen begeleidt bovendien bedrijven bij het uitstippelen van de ideale (en meest duurzame) route voor hun werknemers.[72]
- Gent heeft met 'Spits' een soortgelijk initiatief. Een team van mobiliteitsexperten geeft advies aan werkgevers in de zuidelijke rand van Gent, zodat die vlot bereikbaar blijven. Ook ondersteunt Spits ondernemingen bij het uitwerken van een intern mobiliteitsbeleid en concrete vervoersoplossingen voor hun medewerkers.[73]

GSJ advocaten, Berchem

'Slim naar Antwerpen zonder auto kán'

Met de fiets, de deelauto, de tram, de trein of te voet: de tachtig medewerkers van het advocatenkantoor GSJ advocaten in Berchem laten zo veel mogelijk hun eigen auto thuis. Voor hun alternatieve mobiliteitsplan lieten ze zich begeleiden door 'Slim naar Antwerpen'.

Sinds een paar maanden is GSJ advocaten verhuisd. Van hartje Antwerpen trok het kantoor naar de Post X-site naast het station van Antwerpen-Berchem. 'Dat maakt een heel verschil', zegt Flore De Raedt, marketing- en communicatiemanager. 'Ik kom altijd met de trein werken. Vroeger moest ik nog met de "Velo", de openbare deelfiets van de stad, naar het kantoor rijden. Nu is het maar vijf minuutjes wandelen meer van het perron tot aan mijn bureau.'

Maar lang voor de verhuizing dacht het advocatenkantoor al na over alternatieven voor de auto bij het woon-werkverkeer. Het werkte daarvoor samen met Slim naar Antwerpen, een organisatie van de stad. 'Die deed eerst een "mobiliteitsscan" om te onderzoeken hoe de medewerkers naar hun werk kwamen', vertelt Flore. 'Dan stelde Slim naar Antwerpen alternatieven voor: je auto parkeren op een park-and-ride aan de rand en dan de tram nemen naar het centrum, bijvoorbeeld. Of de vouwfiets meenemen op de trein.' Om die alternatieven te testen, mochten de medewerkers een beroep doen op de 'mobilotheek' van Slim naar Antwerpen. 'Vier weken lang konden we gratis een vouwfiets, elektrische fietsen en e-steps gebruiken', zegt Flore. 'We mochten ook de bus en de tram testen, en de stadsfietsen van Velo. Het werkte, want onze medewerkers gingen meer met de fiets of te voet naar kantoor en de rechtbank.'

De auto thuislaten, is niet alleen goed voor de mobiliteit. Het is ook goed voor de gezondheid. Om de motivatie aan te scherpen, lanceerde het kantoor met Slim naar Antwerpen 'GSJ Around the World'. 'In een jaar tijd wilden we al fietsend, wandelend en lopend evenveel kilometers afleggen als de aarde rond is', vertelt Flore. 'Dat is 40.075 kilometer, om precies te zijn: de omtrek van de evenaar. Per kilometer zou het kantoor 50 eurocent schenken aan het goede doel. Het is ons meer dan gelukt: na een jaar finishten we op 57.000 afgelegde kilometers. We hebben 20.000 euro overgemaakt aan drie goede doelen die nauw betrokken zijn bij ons kantoor.'

Sindsdien doen almaar meer medewerkers hun best om met de (elektrische) fiets of het openbaar vervoer naar het kantoor te komen, stelt Flore vast. 'Van de NMBS kregen we allemaal een proefabonnement om een maand gratis met de trein te reizen. Verschillende medewerkers hebben dat abonnement intussen verlengd en komen nu elke dag met de trein werken.'

ZELFRIJDEND VERVOER

De toekomst is aan de autonome voertuigen, daarover zijn de specialisten het eens. Maar wannéér we met z'n allen het stuur overlaten aan de zelfrijdende auto, dat is minder duidelijk. Waarschijnlijk wordt de grote doorbraak iets voor de jaren 2030, schatten de experts. Maar dan is het nog niet zeker of iedereen met zo'n auto zal rijden en of de technologie op alle soorten transport mogelijk zal zijn. Het zou tot 2050 of later kunnen duren voor de zelfrijdende auto écht alomtegenwoordig is.[74]

De zelfrijdende auto op zich is geen oplossing voor de files. Want omdat iedereen met een zelfrijdende auto de weg op kan - je hebt er geen rijbewijs voor nodig - is de kans groot dat we dan met z'n allen in nóg langere, zelfrijdende files staan.[75] De meeste experts raden het privébezit van een zelfrijdende auto dan ook af. Een **betaalbaar deelsysteem** zou zelfrijdende files kunnen voorkomen, menen ze. Onderzoek wees uit dat het verkeer in Brussel kan afnemen van 330.000 auto's per dag naar 21.000 zelfrijdende deeltaxi's per dag. Die zouden de files liefst vijftien keer korter kunnen maken. Het pendelverkeer van en naar Brussel - nu goed voor 400.000 auto's per dag - zou kunnen worden vervangen door 62.000 zelfrijdende deelauto's. Hiermee zouden de pendelfiles ruim zes keer korter kunnen worden.

Toekomstmuziek dus nog, die zelfrijdende auto. Maar met **zelfrijdende shuttles** wordt al volop geëxperimenteerd. Ze rijden op korte, eenvoudige en afgesloten circuits. Op grote fabrieksterreinen bijvoorbeeld, of als shuttle tussen parking en ingang. Sinds augustus 2019 rijdt een zelfrijdende shuttlebus op de medische campus van de VUB in Jette. Het is een experiment van onderzoekers aan de VUB en ULB.[76] Een paar maanden voordien legde de zelfrijdende elektrische bus zijn eerste meters af op Brussels Airport. Het was nog een test, maar in 2021 moet de bus autonoom pendelen tussen de terminal, de cargobedrijvenzone en de parkeerterreinen.[77]

AZ Maria Middelares, Gent

'Welkom op Olli, de zelfrijdende bus'

'Olli' heet hij: het zelfrijdend busje dat patiënten, bezoekers en medewerkers van het AZ Maria Middelares van en naar de tramhalte brengt. Daarmee heeft het ziekenhuis een primeur in het land.

Met zelfrijdende voertuigen wordt in heel België geëxperimenteerd, maar het eerste operationele zelfrijdende busje bolt op het terrein van het AZ Maria Middelares in Gent. 'Het brengt patiënten, bezoekers en medewerkers heen en weer tussen de ingang van het ziekenhuis en de tramhalte zo'n 600 meter verderop', legt projectleider Kathleen Stam uit.

Vóór Olli had het ziekenhuis een gewoon pendelbusje met een chauffeur. 'Dat reed van halfacht tot halfzes, en alleen op weekdagen. Dat was niet voldoende, beseften we. Maar het was sowieso maar een tijdelijke oplossing. Toen we onze nieuwbouw hebben gezet, hoopten we dat er ook een nieuwe, extra halte voor het openbaar vervoer zou komen. Maar intussen weten we dat die niet voor meteen is.' Dus moest het ziekenhuis nadenken over een permanente oplossing. 'We willen patiënten, bezoekers en medewerkers aanmoedigen om met het openbaar vervoer te komen, maar 600 meter is best ver', zegt Kathleen. 'Zeker als je niet goed ter been bent of je niet goed voelt.' Maar een bus met chauffeur nog frequenter laten rijden, was te duur. 'De zelfrijdende bus bleek dé oplossing', zegt Kathleen Stam. 'Olli rijdt ook 's morgens vroeg, 's avonds tot na de bezoekuren én in het weekend.' Een chauffeur is er dus niet meer, maar de eerste maanden rijdt er wel een steward met Olli mee. 'Om de passagiers gerust te stellen als ze wat angstig zouden zijn', legt Kathleen uit. 'Maar daarna doet Olli het helemaal alleen.'

LEVERINGEN EN TRANSPORT IN DE STAD

Winkels die beleverd moeten worden, particulieren die hun pakjes aan huis laten bezorgen, een apotheek die een lading medicijnen verwacht ...: leveringen en transport zijn niet gemakkelijk te organiseren in onze drukke stadscentra. De straten zijn er vaak te nauw om er met een vrachtwagen te manoeuvreren, en steeds meer stadskernen worden autovrij of autoluw. Buren klagen over de overlast, want het lossen en laden gaat vaak gepaard met lawaai. Voor het milieu is het vrachtvervoer ook geen goede zaak. Transport alleen al, is verantwoordelijk voor 30 procent van de CO_2-uitstoot in het Brussels Hoofdstedelijk Gewest.[78] Maar zonder transport blijven de winkelrekken leeg en valt bij een heleboel productiebedrijven de band stil.

> *Ze fietsen dan ook een gat in de markt dicht: op hun elektrische e-bikes zoeven ze door het verkeer, en zijn ze dus razendsnel ter plaatse.*

Hoe zorg je ervoor dat je klanten hun pakje op tijd krijgen? Of dat je winkel bevoorraad wordt? Misschien kun je een beroep doen op een **fietskoerier**. De voorbije jaren schieten de koeriersbedrijfjes als paddenstoelen uit de grond. Ze fietsen dan ook een gat in de markt dicht: op hun elektrische e-bikes zoeven ze door het verkeer, en zijn ze dus razendsnel ter plaatse. Fietsen vervuilen niet, en maken geen lawaai. De laadbakken van de fietsen zijn ideaal om kleine pakjes te vervoeren met documenten, drukwerk en kleine bestellingen. Er wordt ook geëxperimenteerd met elektrische fietsen die zwaardere ladingen kunnen vervoeren in een aanhangwagen. De coöperatieve vennootschap Urbike test tot eind 2020 of fietskoeriers met aanhangwagens een palet of container van een vrachtwagen, trein of boot, kunnen leveren in Brussel. De aanhangwagens kunnen een container van 1,5 m^3 en 200 kilo aan goederen vervoeren.[79]

Een andere manier om het drukke stadscentrum te vermijden, is je lading laten leveren op een goed bereikbaar punt aan de rand van de stad. Daar worden alle goederen verzameld, en via duurzame en kleinere voertuigen naar de bestemming gebracht. Er zijn een aantal initiatieven met magazijnen aan de rand van heel wat grote steden in het land, zoals GentLevert in Gent. Om deze levermethode economisch efficiënt te organiseren, lopen er heel wat onderzoeken en experimenten.

Ligt je bedrijf aan een waterloop? Dan kun je overwegen om je transport over het water te laten gaan. In dat geval heb je wel een kade en een laad- en losinstallatie nodig. De Vlaamse overheid wil de binnenvaart als transportmiddel stimuleren en geeft premies tot wel 80 procent.[80] Bovendien investeren Vlaanderen en Europa heel wat in de modernisering en uitbreiding van het waterwegennetwerk. Wist je trouwens dat België een van de dichtste waterwegennetwerken van Europa heeft?

Kingslize Pizza, Leuven

Met de e-fiets razendsnel bij de klant

Een omleiding? Doodlopende straat? Paaltjes op de weg? Geen probleem voor de koeriers van Kingslize Pizza. Met de elektrische fiets raken ze overal door. 'Niets dan voordelen, zo'n e-fiets', vindt Brahim Aberkane van Kingslize Pizza Leuven.

Kingslize Pizza is een familiebedrijf van de zes broers Aberkane. Ze hebben filialen in Mechelen, Lier, Berchem, Wilrijk, Leuven, Aalst en Gent. Sommige worden uitgebaat door de broers zelf, andere door franchisenemers. Maar in alle filialen worden de pizza's bezorgd door koeriers op elektrische fietsen. 'Die hebben alleen maar voordelen', vindt Brahim Aberkane van Kingslize Pizza Leuven. 'Je moet niet tanken, het onderhoud en de verzekering zijn goedkoper, je maakt geen lawaai, je produceert geen uitlaatgassen én je kunt overal bij.' Dat is heel handig in het autovrije centrum van Leuven, zegt Brahim. 'Daar mag je zelfs met een brommer niet door. De fiets mag wel. Een doodlopende straat? Paaltjes die een straat afsluiten? Geen probleem!'

Voor de dertig pizzakoeriers in Leuven investeerde Brahim in zeven e-fietsen. Alleen voor verdere verplaatsingen buiten de Leuvense ring stappen de koeriers nog wel eens op een brommertje. 'Maar meestal nemen we de elektrische fiets', zegt Brahim. 'We zijn razendsnel bij de klant. Mét een heerlijk warme pizza, want elke fiets is uitgerust met een isolerende kofferbak.'

2 MOBIELE WERKNEMERS

Wat kun je als ondernemer doen om je werknemers minder tijd te laten verliezen in het verkeer? Je kunt hen laten telewerken, bijvoorbeeld. Of je kunt een mobiliteitsplan opstellen op maat van je medewerkers. En waarom zou je niet een kantoorbus inhuren?

TELEWERKEN

Wat is telewerken precies?

Dankzij de coronacrisis ontdekte bijna iedereen wat thuiswerken betekent. Omdat het moest, maakte thuiswerken een enorme sprong voorwaarts. Maar telewerken is méér dan thuiswerken. Bij telewerken voer je je werk op afstand uit. Op een andere locatie dan de hoofdvestiging van de werkgever, dus. Dat kan thuis zijn, maar evengoed in een satellietkantoor, in een *coworking*-ruimte, onderweg op de bus, trein of tram, of op een andere plaats. Zeventien procent van de Belgische werknemers telewerkte voor de coronacrisis minstens een dag per week.[81]

Thuiswerken kan de files verminderen als het structureel en efficiënt gebeurt. Zo zorgen de huidige telewerkers voor een vermindering van het woon-werkverkeer met 7 procent.[82] Maar dat zou dus nog beter kunnen. Volgens Vias Institute, het Vlaams kenniscentrum voor verkeersveiligheid, en de FOD Mobiliteit en Vervoer zou tot 42 procent van de Belgische werknemers kunnen telewerken! Als al deze mensen minstens een dag per week zouden thuiswerken, zou dat tot een vermindering van het woon-werkverkeer met liefst 16,5 procent leiden.

Telewerken heeft heel wat **voordelen** voor jou als werkgever (*zie ook hoofdstuk 'Krapte op de arbeidsmarkt'*). **Je bespaart op infrastructuur**, omdat je minder kantoorruimte en parkeergarages nodig hebt, én op de kosten voor woon-werkverplaatsingen. Je hebt **minder ziekteverzuim**, want bij telewerkers resulteren kleine kwaaltjes vaker in een thuiswerkdag dan in ziekteverlof. Bovendien leidt telewerken tot **productievere en meer geconcentreerde medewerkers.** Tot **tevreden medewerkers** ook, want ze hebben een beter evenwicht tussen werk en privé.

En waarom niet de **kantoorbus** inschakelen? Die pikt je medewerkers op een afgesproken plaats op en brengt ze naar kantoor. Hun werkdag begint als ze opstappen, want de bus is uitgerust met informatie- en communicatietechnologieën én een koffiemachine. 's Avonds brengt de bus je medewerkers natuurlijk ook weer terug.[83]

Colruyt Group, Halle

'Met de kantoorbus wordt verloren rijtijd gewonnen werktijd'
Elke werkdag om halfacht stappen zo'n vijfentwintig à dertig medewerkers van Colruyt Group op de kantoorbus in Gentbrugge die hen naar de hoofdzetel in Halle brengt. Hun werkdag begint meteen, want de kantoorbus heeft wifi én een koffiemachine.

'De bus vertrekt in Gentbrugge, omdat een flink deel van onze medewerkers uit de Gentse regio komt', weet Antoon Vander Putten, coördinator medewerkersmobiliteit bij Colruyt Group.

De medewerkers rijden met de fiets, het openbaar vervoer of de auto naar de carpoolparking in Gentbrugge en stappen daar op de bus. 'Ze beginnen er meteen te werken', zegt Antoon. 'Vooral e-mails lezen en administratief werk blijkt heel geschikt voor op de kantoorbus.'

De bus rijdt al sinds 2016 en is een groot succes. 'De verloren werktijd in het verkeer wordt nu gewonnen werktijd', zegt Antoon. "s Avonds rond halfzes komt de bus weer in Gentbrugge aan. Onze medewerkers genieten dan nog van een mooie avond. Dat is goed voor hun werk-privébalans.' En daar wint Colruyt Group ook bij. 'Onze medewerkers waarderen de kantoorbus enorm. Voor ons is het een manier om hen aan boord te houden. Zouden ze elke dag uren verliezen in de file, dan waren ze misschien al op zoek gegaan naar ander werk.' Bovendien houdt Colruyt met de kantoorbus zo'n twintig andere auto's van de weg, zegt Antoon. 'Daarmee sparen we 64 ton CO_2 uit, berekenden we. Toch ook een mooie winst voor de samenleving.'

MOBIEL MAATWERK

Niet al je medewerkers komen op dezelfde manier naar het werk. De ene neemt de bedrijfswagen, de andere komt met de fiets. Sommigen nemen het openbaar vervoer, en anderen komen te voet. Voor welke vorm van woon-werkverkeer ze kiezen, hangt van veel factoren af: afstand, bereikbaarheid, comfort, reistijd, kostprijs, persoonlijkheid, gezinssituatie ... Als je een mobiliteitsplan wilt dat wérkt, dan moet je er een opstellen op maat van je medewerkers.

Mobiliteitsbudget

Misschien wil je je medewerkers een bedrijfswagen geven, maar hebben ze die helemaal niet nodig? Misschien willen ze liever zélf hun transportmiddel kiezen, binnen een beschikbaar gesteld budget. Dan is het mobiliteitsbudget een oplossing. Hoe werkt dat? Wanneer een werkgever beslist om het mobiliteitsbudget in te voeren in zijn onderneming, kunnen werknemers hun bedrijfswagen of hun recht op een bedrijfswagen inruilen voor een 'budget'.[84] Dat budget mag de werknemer vrij besteden in drie pijlers: een milieuvriendelijke bedrijfswagen, duurzame vervoermiddelen en huisvestingskosten, of geld.

> *Wanneer een werkgever beslist om het mobiliteitsbudget in te voeren in zijn onderneming, kunnen werknemers hun bedrijfswagen of hun recht op een bedrijfswagen inruilen voor een 'budget'.*

Fietsbeleid

Fietsen is dé manier om - zeker in de stad - de files sneller af te zijn. Werknemers kunnen - al dan niet elektrisch - fietsen van thuis naar het werk en weer terug, maar ze kunnen ook klanten bezoeken met de fiets. Niemand kijkt vandaag nog op van een accountant in een net pak met broekklemmen en een fietshelm.

Tijdens de lockdown stapten in de hele wereld meer mensen op de fiets. Zo konden ze zich vlot en veilig - met voldoende afstand - verplaatsen én bleven ze in beweging. Plots was het ook aangenaam fietsen in de stad, want er reden nauwelijks auto's.

De coronaperiode zette sommige grote steden bovendien aan om (sneller) werk te maken van hun fietsplannen. **Milaan**, bijvoorbeeld. De Italiaanse stad wil in de zomer van 2020 fietspaden aanleggen en voetpaden verbreden. Daarvoor worden zo'n 35 kilometer aan straten en wegen aangepast.[85]
In **Parijs** lijkt wel een heuse fietsrevolutie te woeden. Daar wil het stadsbestuur *'la ville du quart d'heure'* maken: stadsbewoners zouden op 15 minuten wandelen of fietsen alle essentiële functies moeten vinden: winkels, kantoren, scholen, gezondheidszorg, sport, cultuur en ontspanning. Om veilige fietspaden aan te leggen, verdwijnen er tienduizenden parkeerplaatsen.[86]
Ook **Brussel** steekt een tandje bij sinds COVID-19. Op de invalswegen naar de stad en de centrale verkeersassen sneuvelen baanvakken en parkeerstroken voor fietspaden. Sommige ingrepen zijn permanent, andere zijn tijdelijk voor de duur van de postcoronamaatregelen.[87]

Vlaanderen maakt ook steeds meer werk van de **fietssnelwegen** of fietsostrades. Het zijn fietsroutes tussen steden die tot 15 à 20 kilometer van elkaar liggen. Handig om snel naar school of het werk te fietsen.[88] Het is wel belangrijk dat de fietssnelwegen tussen de steden en gemeenten aansluiten op het fietsnetwerk *binnen* de stad.

Ook **fietsstraten** zijn al een aantal jaar aan een opmars bezig. In een fietsstraat zijn auto's 'te gast': ze mogen er rijden, maar met maximum 30 kilometer per uur én zonder dat ze fietsers inhalen. Als de fietsstraten veilig in een woongebied worden ingepland, kunnen ze steden en gemeenten een stuk fietsvriendelijker maken.[89]

Door je werknemers op de fiets te zetten, heb jij er als ondernemer ook voordeel bij.[90] Fietsende werknemers zijn **gezonder** en dus minder vaak ziek. Ze bouwen meer weerstand op en zijn fitter en alerter. Actief woon-werkverkeer maakt ook **gelukkige** werknemers. En werknemers die goed in hun vel zitten, leveren betere arbeidsprestaties en zijn dus **productiever**. Fietsen creëert bovendien een **sociaal netwerk** binnen je organisatie. Al die fietsende medewerkers geven je bedrijf een **groen en vernieuwend imago**. En dat maakt je bedrijf dan weer **aantrekkelijk als werkgever**. Ook zijn die gezonde en gelukkige werknemers prima **ambassadeurs** van je onderneming. En met een bedrijfsfietsplan **onderscheid** je je bovendien van andere werkgevers (*zie hoofdstuk 'Krapte op de arbeidsmarkt'*).

Bedrijfsfietsen en alles wat erbij hoort, zijn tot 100 procent aftrekbaar.

Met meer fietsende werknemers **bespaar** je tegelijk op benzine, autokosten en parkeerplaatsen. Op één autoparkeerplaats passen wel tien fietsen! Dat maakt je bedrijf opeens **beter zichtbaar én beter bereikbaar** voor klanten en bezoekers: iedere fietsende werknemer zorgt voor meer vrije parkeerplaatsen op je terrein. En tot slot: bedrijfsfietsen en alles wat erbij hoort, zijn **tot 100 procent aftrekbaar**. Bovendien mogen ze gecumuleerd worden met een fietsvergoeding of een bedrijfswagen.

Agristo, Wielsbeke

'Al honderd medewerkers kozen voor leasefietsen'

In Wielsbeke, waar een van de vier productiesites van Agristo is gevestigd, is nauwelijks openbaar vervoer. Om toch zo veel mogelijk medewerkers te overtuigen de auto thuis te laten, zette Agristo een fietsbeleid op.

Agristo maakt diepgevroren aardappelproducten zoals frietjes, kroketjes en pommes duchesse en heeft vier productiesites waarvan drie in België. Op de site in Wielsbeke werken nu zo'n 250 medewerkers van wie de meerderheid met de auto pendelt. 'Dat komt omdat hier in het zuiden van West-Vlaanderen niet zo veel openbaar vervoer is', legt Brecht Vermeersch, compensation- en benefits-manager en initiatiefnemer van het fietsplan, uit. 'Een treinstation dicht in de buurt is er niet en ook bussen rijden niet zo frequent.' Om toch zo veel mogelijk medewerkers op de fiets te krijgen, zette Agristo een half jaar geleden een fietsplan op. 'Werknemers die langer dan zes maanden in dienst zijn, kunnen een fiets of een elektrische fiets leasen voor hun woon-werkverplaatsingen en hun privégebruik', zegt Brecht. 'Voorlopig zijn er over de sites heen een honderdtal medewerkers ingestapt op het fietsplan. Dat is een mooi aantal, maar het mogen er zeker nog meer zijn.'

Omdat veilig kunnen fietsen ook belangrijk is, werkte Agristo met de gemeente Wielsbeke en het agentschap Wegen en Verkeer samen om een veiligere fietsoversteekplaats aan te leggen ter hoogte van de site in Wielsbeke. 'Waarom we al die moeite doen? Fietsen is gezond, en we willen gezonde medewerkers', zegt Brecht. 'Bovendien is het duurzaam, en dat is een waarde die we als bedrijf erg belangrijk vinden.'

3 SAMEN STERK IN DE KERNEN

Voor ondernemers die in de stads- of dorpskern zijn gevestigd, is het mobiliteitsprobleem vaak minder groot. Ze zitten dichter bij de klant, die zijn auto al eens kan laten staan. En ze zitten ook dichter bij de knooppunten van het openbaar vervoer: handig voor wie van verder komt. Ook autovrije of autoluwe kernen hoeven geen probleem te zijn voor de creatieve handelaar.

ZOEK DE KERN OP

Consumenten die dicht bij huis kunnen winkelen, hoeven de baan niet op. Als ze hun boodschappen kunnen doen om de hoek, als ze kunnen 'winkelhieren', gaan ze vaker met de fiets, te voet of met het openbaar vervoer. Zo ontdekken ze de lokale ondernemer. Ze proeven de pistolets bij de bakker en ontdekken en passant de cadeautjeswinkel aan de overkant. En de kapper waar je kunt binnenwippen zonder afspraak.

Goede handelaars versterken elkaar. Een sterke handelskern lokt nog meer klanten. Consumenten trekken naar shoppingcentra langs gewestwegen, omdat ze daar alles vinden wat ze nodig hebben. Waarom zou dat niet in de dorpsstraat kunnen? Een bloeiende dorpsstraat is goed voor de mobiliteit en het gemeenschapsgevoel. Zoek je als ondernemer een pand om je zaak op te starten? Zoek dan de kern op. Kruip gezellig bij andere ondernemers!

ZOEK DE KNOOPPUNTEN VAN HET OPENBAAR VERVOER OP

Wil je goed bereikbaar zijn met het openbaar vervoer voor je klanten? Vind je het belangrijk dat je werknemers met de trein naar het werk kunnen? Dan vestig je je het best niet te ver van het station of andere knooppunten van het openbaar vervoer.

A1 Planning Architecten, Oostende en Gent

'Werkuren flexibel afstemmen op openbaar vervoer'
'Ons nieuwe kantoor in Oostende ligt pál naast het station. Daar hebben we bewust voor gekozen', zegt Jozef Hessel, bedrijfsleider van A1 Planning Architecten in Oostende en Gent. Medewerkers en klanten: niemand heeft nu nog een excuus om niét met de trein te komen.

Bij A1 Planning Architecten zit geen bedrijfswagen in het salarispakket. 'Dat zou niet passen bij onze ideologie', vindt Jozef Hessel. 'We zetten liever in op het openbaar vervoer. Daarom zijn we ook allemaal overgeschakeld op laptops. Want soms ben je met de auto sneller ter plaatse dan met de trein. Maar als je onderweg kunt werken, win je tijd. Onze medewerkers hebben ook flexibele werkuren, het maakt niet uit of je nu stipt om halfnegen of om iets voor negen aankomt op kantoor. Zo kan iedereen zijn mobiliteit afstemmen op het aanbod van het openbaar vervoer.'

A1 Planning Architecten heeft een kantoor in Oostende en Gent. 'Het Gentse kantoor gebruiken we als uitvalsbasis om in heel Oost- en West-Vlaanderen te kunnen werken', zegt Jozef. 'Het is goed bereikbaar voor het hele team. Onze mensen kunnen kiezen of ze in Gent of Oostende werken, afhankelijk van hun afspraken, bijvoorbeeld. We hebben in de beide kantoren genoeg "flexwerkplekken".' Het kantoor in Oostende ligt vlak naast het station. 'In Gent is er een groot aanbod van openbaar vervoer én de fiets is er erg goed geïntegreerd. Daarom kunnen we ons daar verder van het station huisvesten', legt Jozef uit. 'In Oostende is dat niet het geval. Daarom hebben we er bewust voor gekozen om te verhuizen naar een pand naast het station.'

Nu komt de helft van de Oostendse medewerkers met de fiets naar het werk. 'Maar als we eenmaal verhuisd zijn, moeten dat er nog meer worden', vindt Jozef. 'We denken erover om te investeren in plooifietsen en om de treinabonnementen volledig terug te betalen. Dan is ons team misschien nog meer gemotiveerd om met het openbaar vervoer te komen.'

AUTOVRIJE EN AUTOLUWE KERNEN

Steeds meer steden en gemeenten kiezen voor een autoluwe of autovrije kern, ze realiseren fietsstraten of fietszones, of wijzigen de circulatie van het verkeer. Het is niet alleen een trend in Vlaanderen, maar in heel Europa.

Waarom doen ze dat?

Een **beter evenwicht** tussen voetgangers, fietsers, auto's: dat willen de steden en gemeenten. Ze willen dat alle weggebruikers zich comfortabel voelen in de kernen. De auto moet niet helemaal verdwijnen, maar hij moet wél zijn terrein delen. Dat beter evenwicht moet leiden tot meer **leefbare, duurzame en veilige kernen**. Sterke kernen ook, met een levendige handel.

Als er **genoeg voorzieningen** zijn voor de klanten – fietspaden, voetpaden, parkings voor kort- en langparkeren – kan de invoering van een autoluwe of autovrije zone een succes zijn. Toch botst de invoering van een autoluwe of autovrije zone vaak op protest van de plaatselijke handelaars. Ze zijn bang dat hun klanten wegblijven. Hun vrees is niet helemaal onterecht. In grotere steden is de economie vaak weerbaar genoeg voor een autovrije of autoluwe zone, maar in kleine gemeenten en steden ligt dat moeilijker. De lokale handel, zoals een krantenwinkel, moet het daar vaak hebben van doorgaand verkeer. Als de straat autoluw wordt, valt de verkeersstroom voor een deel weg en bestaat de kans dat klanten niet meer tot in de winkel komen.

Sinds de invoering van het circulatieplan kwamen er meer handels- en horecazaken bij: 20 procent meer in 2018 dan in 2017. Er waren ook 7 procent minder faillissementen.

Maar de invoering van een autoluwe of autovrije zone kan ook een **opportuniteit** zijn. De vrijgekomen – vaak netjes heraangelegde – ruimte zorgt misschien voor een nieuwe dynamiek in de straat en omgeving. Nieuwe ondernemers krijgen zin om er een zaak te beginnen. Dat gebeurde onder meer in Gent. Sinds de invoering van het circulatieplan kwamen er meer handels- en horecazaken bij: 20 procent meer in 2018 dan in 2017. Er waren ook 7 procent minder faillissementen.[91] Maar ook bestaande handelaars krijgen door zo'n nieuwe omgeving vaak opeens ideeën om de zaken anders aan te pakken: ze passen hun aanbod of dienstverlening aan, of gaan hun goederen op een andere, eenvoudigere manier transporteren. Op de bakfiets, bijvoorbeeld.

MCH, Leuven

'Toen het circulatieplan er aankwam, hebben we er echt werk van gemaakt'

'Het gaat snel, het is ecologisch en onze mensen rijden er graag mee.' In het medisch labo van MCH in Leuven zijn ze fan van hun elektrische bakfiets. Ze halen er stalen mee op bij huisartsen.

MCH is een bedrijf dat huisartsen en patiënten ondersteunt. Het heeft twee poliklinieken, ondersteunt huisartsen op administratief, logistiek en educatief vlak en heeft in Leuven een laboratorium voor staalanalyses van patiënten. 'Die stalen halen we bij de huisartsen op met de elektrische bakfiets', zegt algemeen directeur Dorien De Ryck. 'Het idee van de bakfiets hadden we al een tijdje. Maar toen het circulatieplan in Leuven werd ingevoerd, hebben we er écht werk van gemaakt.'

De bakfiets van MCH is niet zomaar een bakfiets. 'Medische stalen mogen niet onderhevig zijn aan grote temperatuurschommelingen', legt Dorien uit. 'Daarom heeft onze bakfiets een speciale geïsoleerde bak met een temperatuurcontrole erin, zodat we de temperatuur kunnen monitoren.' Nu toert de bakfiets alleen rond in het centrum van Leuven. 'Maar we denken erover om hem ook in de randgemeenten te gebruiken', zegt Dorien. 'Want met de fiets ga je snel, sta je niet in de file en hoef je geen parkeerplaats te zoeken', somt ze op. 'Bovendien is de bakfiets ecologisch én onze mensen rijden er graag mee. Óók als het buiten een hondenweer is!' Zijn er ook nadelen aan de fiets? 'De Leuvense straten liggen er niet overal zo goed bij', weet Dorien. 'En als het glad is, is het ook opletten geblazen!'

6 DE GEZONDE EN VEERKRACHTIGE ONDERNEMER

[Cijfer: 90% van de zelfstandigen is tevreden van zijn keuze voor het zelfstandig ondernemerschap. Maar, een op de drie zelfstandigen heeft meestal tot altijd last van stress of vermoeidheid.][92]

Zelfstandig ondernemer zijn, is geweldig. Je doet wat je graag doet, je maakt je dromen waar en je bent je eigen baas. Het is boeiend en geeft energie. Maar je kunt pas een goede ondernemer zijn als je de zaken goed in evenwicht hebt. Als de balans goed zit tussen wat je energie *geeft* en wat energie van je *vraagt*. Als je werk en je privéleven mooi in evenwicht zijn. Als de wijzer van de weegschaal tussen *draaglast* en *draagkracht* mooi in het midden staat.

Je kunt pas een goede ondernemer zijn als je een veerkrachtige en gezonde ondernemer bent. Als je je batterijen kunt opladen na een lange dagtaak. Als je geniet van je vrije momenten en je hoofd en je lichaam eens met iets anders bezig zijn dan met je zaak. Je kunnen ontspannen, geeft nieuwe kracht en nieuwe inzichten die je straks kunt gebruiken als de werkweek weer begint.

Een veerkrachtige en gezonde ondernemer draagt bij tot een gezond bedrijf en gelukkige werknemers. Want als de baas goed in zijn vel zit, straalt dat af op de hele werkvloer. Aandacht voor welzijn op het werk is een trend, en dat is een goede zaak. ‘Werkbaar werk’: we hebben er de mond van vol.

WAT IS DAT PRECIES, WERKBAAR WERK?

Werkbaar werk is werk waarvan je niet overspannen of ziek wordt, dat boeiend en motiverend is, dat voldoende kansen biedt om bij te blijven en bij te leren én voldoende ruimte laat om werk en privéleven te combineren.[93] Je leest het ook in het hoofdstuk 'Krapte op de arbeidsmarkt': als ondernemer zorg je ervoor dat je werknemers een boeiende baan hebben, met genoeg afwisseling en autonomie. Met flexibele werktijden en extra faciliteiten zorg je ervoor dat ze een goede werk-privébalans hebben. Je doet je best opdat ze gelukkig zijn op de werkvloer.

Maar welzijn op het werk geldt niet alleen voor werknemers. Het geldt ook voor jou, als ondernemer! Alleen is er niemand die dat welzijn voor je regelt. Dat moet jij zélf doen. Jij als ondernemer moet zelf zorgen voor je welzijn. Jij moet erop letten dat je niet in het rood gaat. En jij moet de signalen herkennen die erop wijzen dat je je in de gevarenzone bevindt. Dat is heel moeilijk, want je bent een ondernemer voor iets. Je bent bevlogen en gepassioneerd. Alles voor de zaak. Het rustig aan doen, zit misschien niet in je aard. Let toch maar op! De kwaliteiten die van jou een succesvol ondernemer maken, kunnen je ook in de problemen brengen.

Maar welzijn op het werk geldt niet alleen voor werknemers. Het geldt ook voor jou, als ondernemer! Alleen is er niemand die dat welzijn voor je regelt.

De combinatie van een drukke agenda, veeleisende klanten, administratie, personeelsbeleid, familiale verplichtingen ... brengt vaak stress met zich mee. En dat hoeft op zich niet slecht te zijn, want die stress helpt ons om veel werk te verzetten. Maar te veel stress is gevaarlijk. Dan raakt de energiebalans verstoord en werkt stress averechts. Als je niet oplet, kom je in een negatieve spiraal die je normale functioneren belet. Dan loert burn-out om de hoek.

Aandacht voor welzijn is belangrijker dan ooit. De lockdownperiode tijdens de coronacrisis was voor veel ondernemers een bron van stress. Uit een enquête van UNIZO en Liantis in die periode blijkt dat vier op de tien ondervraagde ondernemers 'zo goed als de hele tijd' stress ondervonden. Tweeënvijftig procent van hen had vooral financiële kopzorgen. Zevenenveertig procent lag wakker over de organisatie van het werk: hoe richt ik mijn zaak in als ik rekening moet houden met social distancing? Moet ik mijn werkprocessen aanpassen en op welke

capaciteit kan ik dan draaien? Aanvaard ik nog cashgeld? Werk ik alleen nog na afspraak? Veertig procent vond de omgang met medewerkers, klanten of patiënten stressvol.
Opmerkelijk ook is dat amper 4 procent van de ondervraagde ondernemers hulp zocht bij bijvoorbeeld de huisarts of een coach. Drieëndertig procent zocht zelf een oplossing. Zestig procent zocht helemaal géén hulp.
Het siert zelfstandigen natuurlijk dat ze zoveel mogelijk hun eigen boontjes doppen. Maar hulp zoeken is geen schande. Integendeel, erkennen dat je hulp nodig hebt én die zoeken, is vaak het begin van een oplossing.

In dit hoofdstuk lees je hoe je als ondernemer ervoor zorgt dat je werk werkbaar blijft. We sommen een paar valkuilen op die gevaarlijk zijn voor bevlogen zelfstandigen. In het tweede deel staan we stil bij burn-out bij ondernemers, en wat je kunt doen als je toch in het rood gaat.

1 ZORGEN VOOR WERKBAAR WERK

Hoe zorg je er als ondernemer voor dat je elke dag blijgezind en vol energie naar je bedrijf gaat? Hoe zorg je ervoor dat je werk werkbaar is én blijft? We sommen een aantal typische valkuilen op, waar ondernemers in al hun bevlogenheid wel eens intrappen. Als je ze herkent bij jezelf, kun je ze aanpakken.

VALKUIL 1. PERFECTIONISME

Perfectionisme kan een kwaliteit zijn, maar ook een valkuil. Bij gezond perfectionisme weet je wanneer je tevreden kunt zijn met het resultaat en mag je fouten maken. Bij ongezond perfectionisme is niks goed genoeg. Je wilt altijd en overal de beste in zijn. De eisen die je aan jezelf stelt, zijn torenhoog en onrealistisch. Daarom ben je gefrustreerd en stel je jezelf altijd teleur.[94]

We worden voortdurend en aan alle kanten aangespoord om perfect te zijn. We moeten gezond eten, geregeld aan sport doen, er mooi en slank uitzien, perfecte ouders en partners zijn, leuke hobby's hebben, interessante boeken lezen en op reis gaan naar boeiende plaatsen. Niemand is perfect, maar het lijkt vaak wel zo. Op sociale media tonen we prachtige plaatjes op idyllische vakantieplekken in het gezelschap van ons fantastische gezin en nog meer geweldige mensen die het allemaal goed voor elkaar hebben. Op het eerste gezicht. Want wie post op Facebook dat de vakantie dit jaar nergens heen gaat omdat de cijfers tegenvallen? Of dat hij doorwerkt tot middernacht omdat hij bang is dat hij anders het loon van zijn medewerkers niet kan blijven betalen?

Perfectionisme gaat vaak hand in hand met **angst om te falen**. De gedachte dat 'het niet mag mislukken' veroorzaakt een loodzware druk op de schouders van een ondernemer. Falen is uit den boze. Falen is taboe. Want ze rekenen op jou: je klanten, je leveranciers, je personeel, je gezin, je aandeelhouders ... Ze rekenen er allemaal op dat je succesvol bent. Dat je hoge omzetten haalt, veel opdrachten binnenrijft, een mooie zaak uitbouwt, de familiezaak met succes voortzet. Je mag niet op je bek gaan. Toch is falen doodnormaal. Iedereen faalt. Zelfs – zeker! – de meest succesvolle topondernemers hebben gefaald. Alleen worden faalverhalen veel minder verteld dan succesverhalen.

De Britse schrijfster J.K. Rowling is gelukkig van het volhardende type. Maar liefst twaalf uitgevers vonden haar Harry Potter-boek maar niets, en stuurden het terug. Pas bij de dertiende poging vond ze een uitgever bereid om haar boek uit te geven. Uiteindelijk zou Rowling van de Harry Potter-reeks 500 miljoen boeken verkopen. Ze is nu een van de rijkste vrouwen ter wereld.[95]

De meeste mensen zijn gegeneerd om over hun missers te vertellen. Ze zijn bang om uitgelachen te worden en hun 'aura' van succes te verliezen. Succesverhalen leveren respect op, en dus vertellen ze die liever. Maar er zijn gelukkig ook ondernemers die wél vertellen over hun fouten, stommiteiten en fiasco's. J.K. Rowling dus. Of de Duitse hoogleraar Johannes Haushofer, die summa cum laude promoveerde als neuropsycholoog en econoom. In 2016 publiceerde hij een cv met daarop al zijn mislukkingen. Haushofer wilde mensen duidelijk maken dat wij bij anderen vaak alleen maar de successen zien, en niet de mislukkingen die eraan voorafgingen.[96] Want we kunnen ook veel leren uit de flops van anderen. 'Fuckup Nights' op YouTube toont filmpjes met getuigenissen van ondernemers die foute beslissingen maakten en keihard onderuitgingen. Maar ze krabbelden overeind, doorbreken het taboe en vertellen erover, zodat anderen ervan kunnen leren.[97]

Cathy Tourlouse, dierenarts, Overijse

'Die burn-out was een van de beste dingen die me is overkomen'
'Mijn geheugen werkte steeds minder. Ik kon me steeds moeilijker concentreren. Ik zonderde me af, ik lachte amper nog. Gewoon genieten, kon ik niet meer. Fysiek uitgeput was ik', vertelt dierenarts Cathy Tourlouse uit Overijse.

'Toen ik achttien jaar geleden mijn dierenartspraktijk opstartte, had ik niet meteen een inkomen waarvan ik kon leven', vertelt Cathy. 'Dus nam ik er externe opdrachten bij. De praktijk groeide en groeide, maar ik bouwde die externe opdrachten niet snel genoeg af. En ik wachtte ook te lang om het team uit te breiden, want ik was bang dat ik het financieel niet zou kunnen bolwerken.'

Alle nevenactiviteiten van de praktijk zoals de boekhouding en het management kwamen bovenop Cathy's drukke dagtaken. 'Ik deed ze 's ochtends vroeg, 's avonds laat, in het weekend, soms zelfs 's nachts. Voor ik het wist, had ik werkweken van 70 à 80 uur. Ik ben jarenlang trots geweest op de energie die ik had en al het werk dat ik kon verzetten.' Toen er uiteindelijk een goede dierenartscollega bijkwam in de praktijk, besteedde Cathy de nevenactiviteiten niét aan haar uit. 'Ik was bang dat ik haar zou wegjagen', zegt ze. 'Maar ik ben ook een pietje-precies: te perfectionistisch, op het randje van maniakaal, zelfs. Wat ik zelf doe, doe ik het best.'

Maar het lag niet alleen aan het werk. 'Privé had ik ook veel zorgen', vertelt Cathy. 'Maar aan zelfzorg deed ik niet. Ik belandde in een soort van overlevingsmodus. Ooit zou het wel weer rustiger worden, dacht ik. De gedachten tolden in mijn hoofd. Ik probeerde ze weg te duwen, zoals ik altijd had gedaan, maar het lukte steeds minder goed. Ik sliep amper, huilde om alles en niets. Ik begon aan een zin en wist halfweg niet meer wat ik wilde zeggen. Als iemand tegen me sprak, hoorde ik wel een stem maar verstond ik de betekenis van de woorden niet. Lezen ging totaal niet meer. Ik moest alles loslaten, ik had geen andere keuze. Ik had een burn-out.'

Cathy ging naar een psychiater die haar rust en medicatie voorschreef. Hij verwees haar ook door naar een psycholoog bij wie ze maandenlang in behandeling was. 'Ik heb activiteiten gevonden die mijn hoofd leegmaken en mijn batterijen opladen', vertelt ze. 'Ik volg yoga, doe aan mindfulness en hou een *"bullet journal"* bij. Dat vervangt mijn elektronische agenda en is eigenlijk meer een soort *"art journal"* geworden, want ik kan er mijn creativiteit in kwijt die ik lang heb verdrukt', lacht ze. 'Ik heb veel geleerd. Dat ik "nee" moet leren zeggen, bijvoorbeeld. Dat ik niet voortdurend voor iedereen in de bres moet springen. Dat perfect niet moet, want dat goed ook goed genoeg is. Dat ik een compliment moet kunnen aanvaarden.' Negentien maanden na haar crash, is Cathy – heel langzaamaan – weer aan het werk. 'Nu durf ik te zeggen dat mijn burn-out een van de beste dingen is die me is overkomen. Maar ik wens het niemand toe.'

VALKUIL 2. DE ONDERNEMER-MANAGER (EN MANUSJE-VAN-ALLES)

Vaak begin je als zelfstandige omdat je ergens goed in bent, en dat erg graag doet. Maar bij het leiden van een onderneming komen helaas ook minder leuke dingen kijken: administratie, belastingen, boekhouding, personeelszaken ... Al die rompslomp, die nog eens bovenop je 'echte werk' komt, veroorzaakt kopzorgen en stress. Om het met een boutade te zeggen: het is niet omdat je graag en goed pinten kunt tappen, dat je ook een café kunt doen draaien. Onderzoek toonde aan dat ruim drie kwart van de zelfstandige ondernemers zich onvoldoende opgeleid voelt op het vlak van management en bedrijfsbeheer.[98]

> *Onderzoek toonde aan dat ruim drie kwart van de zelfstandige ondernemers zich onvoldoende opgeleid voelt op het vlak van management en bedrijfsbeheer.*

Je kunt niet overal goed in zijn. Al die extra's zijn energieslurpers. Als je je energiebalans weer in orde wilt, wordt het tijd dat je ophoudt met het manusje-van-alles te zijn in je onderneming. Doe waar je goed in bent. Punt. Al de rest laat je, voor zover dat kan, over aan andere experts. Je kunt daarvoor samenwerken met andere ondernemers, een beroep doen op een freelancer, een adviseur zoeken, je laten coachen of een werknemer in dienst nemen *(zie ook hoofdstuk 'Samenwerken').*

Maar waar ben je goed in? En waar ben je niet goed in? Het is belangrijk om te weten wat je sterktes en zwaktes zijn. Zelfkennis is alles! Sterktes zijn bijvoorbeeld: specifieke talenten, vakkennis die je hebt, passie(s), ervaring, geld/middelen, positieve persoonlijke eigenschappen (doorzettingsvermogen, geduld, optimisme ...), contacten, je netwerk ... Zwaktes kunnen zijn: kennis die je mist, vaardigheden die je niet hebt, persoonlijke eigenschappen die niet zo wenselijk zijn (uitstelgedrag, chaotisch zijn ...), gebrek aan middelen (kapitaal, werkplek, vervoer, netwerk) ...

Vincent Van Den Broecke,
architect en vennoot bij Blanco Architecten in Hoeilaart

'Nee zeggen is de belangrijkste les die ik heb geleerd'
In augustus 2015, in een afgelegen vakantiehuis tussen de heuvels van de mooie Marche in Italië, ging het licht uit voor architect Vincent Van Den Broecke. Niets zag hij nog zitten.

'Ik was veertien jaar non-stop bezig geweest', vertelt hij. 'Alles voor de carrière: ik maakte lange dagen, was drie avonden per week weg. Naast de architectuur deed ik ervaring op als expert, volgde ik een opleiding tot preventieadviseur niveau 1 en behaalde een diploma van thermograaf. We kochten een huis en verbouwden dat. Ik werd vennoot, richtte Blanco Architecten op, werd vader van drie kinderen, kreeg een mandaat in de Orde van Architecten en werd lid van de Gecoro, de gemeentelijke commissie voor ruimtelijke ordening', somt hij op. 'Ik was met veel tegelijk bezig, en alles leek goed te gaan. Ik focuste op een heleboel dingen, maar niet op mezelf. Thuis voelde ik me schuldig omdat ik niet op kantoor zat, op kantoor knaagde het omdat ik niet met de kinderen hielp. In een vergadering van de Orde van Architecten had ik het gevoel dat ik beter op kantoor of thuis was. Ik voelde me voortdurend schuldig. Het lag aan mezelf, want niemand verweet me ooit iets.'

En toen kwam die crash. 'Mijn echtgenote reageerde kordaat. Toen we weer thuis waren, stuurde ze me meteen naar de huisarts. Die verwees me naar een psycholoog-coach, bij wie ik zes maanden in therapie ben geweest. Dat heeft me geholpen om weer juist te focussen, om een en ander weer op de juiste rails te krijgen.' De therapeut gaf Vincent ook de raad om een hobby te vinden. 'Heel moeilijk was dat: het moest iets zijn wat me interesseert en niets met mijn werk te maken heeft. Ik loop nu. Het doet me deugd.' Hij heeft veel steun gehad, zegt hij. 'Zowel van mijn echtgenote als van mijn vennoot en medewerkers. Want ik wilde er helemaal mee ophouden, wilde al mijn aandelen verkopen. Gelukkig hielden ze me tegen. Ze hebben me alle tijd en ruimte gegeven om weer op mijn positieven te komen.'

De architect werkt nu helemaal anders. 'Ik heb alle ballast overboord gegooid. Alles wat mij negatieve energie geeft, daar hou ik me niet meer mee bezig', zegt hij. Nee zeggen is de belangrijkste les die ik heb geleerd. Want pas dán kun je ja zeggen tegen jezelf. Zo ben ik van de ene dag op de andere gestopt met de avondafspraken. De avonden zijn voor mijn gezin. Dat lukt prima, het is een kwestie van gewoonte. Want de privé-werkbalans is écht belangrijk. Die boodschap geef ik ook mee aan mijn medewerkers, en zelfs aan sollicitanten. Al las ik onlangs een betere benadering: de "leven-werkintegratie". Dát is het eigenlijk voor mij: ik ben altijd aan het werk, en tegelijk nooit. Maar het klikt nu allemaal beter in elkaar.'

VALKUIL 3. DE ONDERNEMER-WERKGEVER

Dat je als ondernemer werknemers in dienst hebt, is natuurlijk geen valkuil op zich. Maar de stress die het werkgeverschap meebrengt, is dat wel. Ondernemers met personeel hebben vaker stress dan hun collega's zonder, blijkt uit onderzoek. Eenenzestig procent van de bedrijfsleiders van ondernemingen met maximaal twintig personeelsleden ervaart 'vaak tot altijd' stress in zijn werksituatie. Bij zelfstandigen zonder personeel is dat 36,2 procent, en bij werknemers 32,8 procent.[99]

Heel vaak heeft die stress te maken met het niet vinden van gekwalificeerde mensen, of het langdurig uitvallen van werknemers. Dat lees je in het hoofdstuk 'Krapte op de arbeidsmarkt'. Een goede *employer branding* of rekruteren in scholen zijn manieren om je te wapenen in de *war for talent*. Maar het zijn vaak inspanningen en investeringen die pas lonen na een langere tijd. Personeel kan echter ook een bron van stress zijn als je werknemers voor lange tijd afwezig zijn door bijvoorbeeld ziekte, of gebruikmaken van verlofstelsels zoals ouderschapsverlof, tijdskrediet of zorgverlof. Vaak veroorzaken die verlofstelsels extra werkdruk bij collega-werknemers én de ondernemer. Omgekeerd kan níét genoeg werk hebben voor je werknemers óók stress met zich meebrengen.

VALKUIL 4. TE WEINIG VRIJE TIJD

Belgische zelfstandigen zijn de hardste werkers van Europa. De Belgische zelfstandigen die voltijds aan de slag zijn, werken gemiddeld 52,9 uur per week.[100] Het Europees gemiddelde ligt op 47 uur per week. Zelfstandigen werken daarmee fors langer dan werknemers en ambtenaren die voltijds werken. Zij kloppen gemiddeld 39 uur per week. Veel ondernemers *zijn* hun onderneming, ook als ze thuis of met vakantie zijn. Zo geeft 70 procent van de zelfstandigen toe het werk niet te kunnen loslaten op een vrije dag.[101] Aan de ontbijttafel, op familiefeesten en zelfs op het strand: als de telefoon gaat of een e-mail binnenkomt, roept de plicht.

Er is niks mis met hard werken. Maar te weinig tijd nemen om te ontspannen, is een enorme valkuil voor onwerkbaar werk. De stress stapelt zich op en het schuldgevoel knaagt, want je beseft dat je te weinig tijd besteedt aan je partner, je kinderen en anderen die je aandacht verdienen.

Voor jezelf zorgen is absoluut noodzakelijk, ook als je agenda overloopt van de afspraken. Rust, voldoende beweging en gezond eten zijn daarbij drie belangrijke pijlers.

> *Heb je vakantiedagen? Gebruik ze dan. Rust, relax en onthou dat dit de enige manier is om op lange termijn een goede werk-privébalans uit te bouwen.*

Heb je vakantiedagen? Gebruik ze dan. **Rust**, relax en onthou dat dit de enige manier is om op lange termijn een goede werk-privébalans uit te bouwen. Naast rust is voldoende **beweging** belangrijk om je lichaam fit te houden. Sport verhoogt je energiepeil en doorzettingsvermogen. Het geeft afleiding en brengt je hoofd tot rust. Een gezonde vermoeidheid verbetert bovendien de slaap. Geen tijd, zeg je? Bewegen hoeft niet veel tijd in beslag te nemen. Elke dag een korte wandeling maken, maakt al een verschil. Gevarieerde en volwaardige **voeding** geeft je meer energie, terwijl ongezonde voeding de klachten van stress net versterkt.

Koen Camerlynck, tandtechnicus, Lievegem

'Ik doe nu alleen de zaken die ik graag doe'

'De baas is er 's ochtends als eerste, en vertrekt 's avonds als laatste': zo is Koen Camerlynck, CEO van tandlabo Camerlynck in Lovendegem, opgevoed. En vooral: 'niet "neuten", voortdoen!' Zo leefde en werkte hij dus ook, jarenlang.

Tot hij op een dag, tijdens een langverwachte vakantie in Gambia, zijn 'klop' kreeg. 'Het waren hectische maanden geweest, waarin we liefst drie bedrijven hadden overgenomen', vertelt Koen. 'Het derde was er te veel aan, toen liep de emmer over. Maar eigenlijk liep het al veel langer mis.' In Gambia zou hij wel uitrusten, dacht hij. 'Maar ik raakte niet meer vooruit, had voor niks nog energie. Ik dacht dat het aan de malariapillen lag, of aan iets dat ik verkeerd had gegeten.'

Weer thuis ging Koen naar de huisarts. Omdat die niets kon vinden, stuurde ze hem naar de cardioloog. 'Maar daar was ik nog maar pas op controle geweest', zegt Koen. 'Met mijn hart was alles in orde, verzekerde de cardioloog me. "Maar als je zo blijft werken, stort je recht de afgrond in."' Toch ging Koen daarna weer naar zijn laboratorium om te werken. 'Maar mijn medewerkster was onverbiddelijk: "Koen, je ziet er niet uit", zei ze. "Ga naar huis." Achteraf vertelde ze me dat het best eng was, dat ik er helemaal niet bij was met mijn hoofd. Dat ze mij naar huis stuurde, is mijn redding geweest. Het was vijf voor twaalf, maar dat had ik niet in de gaten.'

De tandtechnicus zocht en vond een goede psycholoog. 'Een van de eerste zaken die ze me zei, was: "Een mens is zoals een bankrekening: als je er niet af en toe wat bijstort, ga je in het rood." Ze vond dat ik op zoek moest naar de dingen in mijn werk waar ik energie van krijg.' Na vier sessies bij de psycholoog en veel rust gaat het nu veel beter met Koen. 'Ik heb geleerd dat ik best fier mag zijn op mezelf. Een tandlaboratorium met twaalf medewerkers leiden, is een hele prestatie. Maar vroeger vond ik dat maar normaal', zegt hij. 'Ik doe nu alleen nog de zaken die ik graag doe. De rest laat ik over aan mijn medewerkers. In de voormiddag ben ik er voor hen. Dan mogen ze mij alles vragen. Maar de namiddag is voor mij, dan werk ik rustig dingen af.'

Toch moet Koen erover waken dat hij niet opnieuw in het rood gaat. 'Als ik 's morgens om vier uur wakker word en niet meer in slaap raak omdat ik lig te piekeren, weet ik dat ik gas moet terugnemen. Dan ga ik een uurtje wandelen en kom ik wat later naar het laboratorium, bijvoorbeeld. Tijdens zo'n wandeling krijg ik de ruimte in mijn hoofd om na te denken over mijn bedrijf en de uitdagingen van morgen. Als ik verzuip in de dagelijkse drukte, lukt me dat niet.'

VALKUIL 5. 24/7: ALTIJD BEREIKBAAR ZIJN

Natuurlijk ben je klantvriendelijk als ondernemer! Je werkt je uit de naad voor je klanten, je loopt *the extra mile* voor hen, je legt hen in de watten. Want jouw klanten zijn koning. Maar betekent dat ook dat je altijd bereikbaar moet zijn? Dat je altijd klaar moet staan voor hen, de telefoon moet beantwoorden, meteen moet reageren op e-mails? Past die voortdurende bereikbaarheid bij de missie van je bedrijf? Is ze de bestaansreden van je onderneming? Haal je er je energie en motivatie uit? Als dat zo is: prima! Doe zo voort. Als dat niet zo is, is het tijd dat je je bereikbaarheid afbakent. En dat hoeft je geen klanten te kosten. Het is wél belangrijk dat je de nieuwe regeling goed communiceert.

Studiebureau Jonckheere, Brugge en Leuven

'Tussen 8 en 10 uur moet het hier stil zijn'

Werken in stilte, het is niet alleen de monniken gegund. Bij Studiebureau Jonckheere in Brugge en Leuven begint de werkdag steevast met twee stille 'bibliotheekuren', waarin de collega's elkaar niet storen. E-mailen kan twee keer per dag, op vaste tijdstippen. 'Ik zorg voor het welzijn van mijn medewerkers', zegt CEO Koen Jonckheere. 'Minder prikkels helpen daarbij.' Voor zijn personeelsbeleid kreeg het bureau de Liantis Award.

Bij Studiebureau Jonckheere werken ingenieurs, technisch tekenaars, landmeters, geografen en toegepaste architecten. Ze rekenen, tekenen en plannen grote infrastructuurwerken zoals de heraanleg van straten, verkavelingen, rioleringswerken, de aanleg van kaaimuren, sportvelden enzovoort. Daar moet je dus je hoofd bij kunnen houden. Daarom voerde Koen Jonckheere zijn befaamde bibliotheekuren in. 'Tussen acht en tien mogen de werknemers elkaar niet storen, tenzij het natuurlijk heel dringend is. Maar alle andere vragen en opmerkingen moeten ze opsparen tot na tien uur.'

Alle e-mails van het studiebureau komen toen op één centraal punt. Een vernuftig IT-systeem wijst de e-mails toe aan de juiste dossiers en stuurt ze twee keer per dag, om tien uur en halfdrie, naar de juiste medewerker. 'Zo proberen we de stroom aan e-mails te beperken', legt Koen uit. 'Klanten en zakenpartners weten dat ze van ons niet meteen een antwoord krijgen. Ze kunnen hun vragen dus beter bundelen in plaats van ons om het halfuur een nieuwe vraag te mailen.' Wie Studiebureau Jonckheere toch blijft bestoken met e-mails, wordt erop aangesproken. 'En voor dringende zaken is er nog altijd de telefoon', zegt Koen.

Soms gaat Jonckheere nog een stap verder. 'Op een werfvergadering krijgen alle partijen de kans om vragen te stellen. Maar als je na zo'n vergadering weer achter je scherm kruipt, blijken er toch weer vier vragen in je mailbox te zitten. Wel, die mensen krijgen dus géén antwoord. Ze moeten wachten tot de volgende vergadering. Vervelend? Ja, maar de volgende keer zijn ze wél beter voorbereid.' Koen Jonckheere wil zijn medewerkers behoeden voor nodeloze stress en een burn-out. 'Door de overvloed aan prikkels en storende factoren komen ze vaak niet aan werken toe. Bij ons werken onze mensen tot halfvijf en dan zijn ze klaar. Dan gaan ze naar huis en vallen wij hen ook niet lastig.'

De aanpak van Studiebureau Jonckheere wordt gretig opgepikt in de sector. 'Zo hebben we via OVIO, de Onafhankelijke Vlaamse Infrastructuur Ontwerpers, een ethische code voor de sector opgesteld, samen met Aquafin, Bouwunie en VlaWeBo en ORI', zegt Koen Jonckheere. 'Die bepaalt een reeks basisafspraken en -waarden, waaraan de verschillende partners zich moeten houden als ze met elkaar omgaan.'

VALKUIL 6. GEEN KLANKBORD HEBBEN

Ondernemen is uitdagend, maar soms ook best eenzaam. Als zelfstandige hak je in je eentje alle knopen door, van het in dienst nemen van een personeelslid tot de aankoop van een computer. Het legt niet alleen druk op je schouders, je loopt ook het risico dat je het helikopterzicht op je bedrijf kwijtraakt. Dan zie je bijvoorbeeld de nieuwe opportuniteiten niet als ze zich voordoen.

Daarom is het belangrijk om af en toe te overleggen met mensen die je nieuwe inzichten bijbrengen. Dat kunnen **goede vrienden** of **familieleden** zijn, maar ook **andere ondernemers**. Sociale en professionele relaties onderhouden, kost tijd en moeite. Maar als je je omringt met de juiste mensen, geven deze contacten je energie. Je kunt ook een klankbord vinden in een **raad van bestuur** of een **adviesraad**. Die termen doen misschien denken aan grote bedrijven en ingewikkelde structuren. Toch kan zo'n bestuursorgaan ook voor kmo's waardevol zijn. Samen denk je na over de algemene koers van je bedrijf en de strategische knopen die je moet doorhakken.

Kurt De Bleecker, Kortrijk

'Ik leerde de pluspunten van mijn bedrijf meer in de verf te zetten'
'Ik wil mensen om me heen die met me meedenken, die met ideeën komen waar ik zelf niet opkom', zegt Kurt De Bleecker. 'Op aanraden van mijn ondernemerscoach heb ik een raad van bestuur opgericht.'

Kurt is sinds twintig jaar bedrijfsleider van DB & Co, een bedrijf in industriële isolatie op maat. Hij heeft twee werknemers in eigen land, en nog eens vijfentwintig in zijn Poolse fabriek. Een paar jaar geleden zat Kurt er een beetje door. 'Ik had geen ideeën meer en ik was mijn motivatie kwijt', vertelt hij. 'Bij Liantis heb ik een ondernemerscoach opgezocht. Die sessies waren heel leerrijk. Zo leerde mijn coach me bijvoorbeeld om de pluspunten van mijn bedrijf wat meer in de kijker te zetten. Dat lijkt vanzelfsprekend, maar daar had ik nooit over nagedacht. Als ik me nu voorstel bij potentiële klanten, vertel ik hen wat ons onderscheidt van de concurrenten.'

Het coachingtraject motiveerde Kurt ook om een en ander beter te organiseren in zijn bedrijf. 'Zo heb ik geïnvesteerd in een nieuw boekhoudkundig programma. Nu zien we in één oogopslag hoe het staat met onze orders, welke klanten nog niet betaald hebben en welke wel, bijvoorbeeld. Wat een verschil met vroeger, toen we alles manueel invoerden!' Kurt wist zelf ook wel dat hij werk moest maken van dat boekhoudkundig programma, zegt hij. 'Dat knaagde voortdurend aan mij. Maar het kwam er niet van.'

De grootste aanpassing die Kurt deed, was de oprichting van een raad van bestuur. 'Ik heb behoefte aan een klankbord', zegt hij. 'Ik heb wel veel vrienden, en mijn boekhouder adviseert me ook. Maar het is niet genoeg. Ik heb behoefte aan mensen die met me meedenken en met frisse ideeën komen waar ik zelf niet opkom.' Kurts raad van bestuur bestaat uit drie leden. 'Een bedrijfsleider van een kmo, iemand die werkt bij een grote internationale organisatie die zakelijk en financieel advies verstrekt, én een boekhouder die gespecialiseerd is in het analyseren van jaarrekeningen. Binnenkort komt de raad voor het eerst samen. Ik kijk er enorm naar uit.'

Maar nu al gaat het een stuk beter met Kurt, én zijn bedrijf. 'Dankzij de tips van mijn ondernemerscoach is mijn omzet gegroeid', zegt hij. 'Ik heb weer een overzicht op mijn bedrijf. Ondernemen doe ik nu met een geruster gemoed.'

Je kunt **lid worden van een sector- of beroepsorganisatie**. UNIZO bijvoorbeeld, zorgt voor de belangen van alle ondernemers. Via de Ondernemerslijn kun je er permanent terecht voor advies op maat.[102]

Een **ondernemerscoach** kan ook een klankbord zijn. Zo'n coach is neutraal. Hij of zij heeft niets met je bedrijf te maken en oordeelt niet. Bovendien heeft een ondernemerscoach beroepsgeheim: wat je vertelt, gaat niet verder. Bij een coach kun je terecht als beginnende of als ervaren ondernemer. Ben je een beginnende ondernemer, dan komen er – naast een waslijst aan praktische zaken – vast ook fundamentele vragen bij je op: kan ik het ondernemerschap wel aan? Vind ik wel genoeg klanten? Is mijn prijszetting wel juist? Heb ik wel de juiste competenties? Maar ook als ervaren ondernemer hoef je niet alle grote beslissingen in je eentje te nemen. Een coach kan je helpen als je met vragen zit als: ik wil (meer) groeien, maar ik weet niet goed hoe? Ik heb het veel te druk, wat doe ik eraan? Misschien moet ik een medewerker in dienst nemen? Is mijn bedrijf er klaar voor?

Zelfs als je niet met prangende vragen zit, kan het nuttig zijn om met een coach te praten. Om je businessplan te herbekijken, bijvoorbeeld. Misschien miste je al die tijd een belangrijke klantengroep? Of mankeer je nog een vanzelfsprekende aanvulling op je aanbod? Door jezelf en je bedrijf ter discussie te stellen, kun je je manier van werken optimaliseren en groeien als ondernemer. Liantis biedt individuele coaches aan op maat van ondernemers.[103]

Door jezelf en je bedrijf ter discussie te stellen, kun je je manier van werken optimaliseren en groeien als ondernemer.

Marianne van der Wielen, ondernemerscoach bij Liantis

'Emotionele intelligentie maakt je weerbaarder tegen stress'
'Stress. Bijna alle ondernemers die ik begeleid, hebben problemen met stress. In allerlei vormen en gradaties en met allerlei oorzaken aan de basis, maar bijna altijd komen ze omdat ze stress hebben.'

Het eerste wat Marianne van der Wielen doet als je bij haar komt, is je laten vertellen. 'Ik luister. En tegelijk let ik op de "blinde vlekken" in je verhaal. Wat is er hier nog meer aan de hand, dat jij over het hoofd ziet? Daarna laat ik je een specifieke ondernemersvragenlijst invullen. Die confronteert je vaak al met die blinde vlekken. Je kunt bijvoorbeeld wel zeggen en vinden dat je goed georganiseerd bent. Als uit de vragenlijst blijkt dat het niet zo is, is het duidelijk dat daar een pijnpunt zit.'

Als jij en Marianne een goed beeld hebben van de huidige situatie, gaan jullie verder naar de volgende stap: de wenselijke situatie. 'We stellen doelen voorop die haalbaar en realistisch zijn', zegt ze. Om die doelen te realiseren, heeft Marianne onder andere nóg twee soorten testen. 'De persoonlijkheidstest wijst uit of jouw manier van ondernemen wel afgestemd is op jouw persoonlijkheid. Als dat niet zo is, kan dat een flinke bron van stress voor je zijn. En zonder dat ondernemers dat doorhebben, is dat nogal eens het geval.' De andere test is een competentietest. 'Die gaat na of je wel over alle competenties beschikt die je zou moeten hebben. Neem het voorbeeld van een architect. Die heeft onder andere als taak om te bemiddelen tussen de bouwheer en de aannemer. Maar als hij de vaardigheid niet heeft om conflicten op te lossen, is dat heel stresserend.'

En hoe gaat het dan verder? 'Dan zoeken we samen naar oplossingen', zegt Marianne beslist. 'Heel concreet, heel praktisch. Géén psychologisch gegraaf naar waar het vandaan komt. Daar heeft een zelfstandig ondernemer allemaal geen tijd voor. Wel: dít is het probleem en dát gaan we eraan doen. Tips en tricks die je meteen kunt toepassen.'

Gemiddeld hebben klanten zo'n acht tot twaalf sessies nodig. Een deel ervan is gesubsidieerd. 'Ik ondervind dat ondernemers het meestal heel boeiend vinden om aan zichzelf te werken', stelt Marianne vast. 'Omdat ze weten dat het rendeert. Ze weten dat ze moeten sleutelen aan hun emotionele intelligentie, aan hun soft skills. Want die hebben ze nodig in hun relatie met klanten, leveranciers, vennoten of werknemers.' Emotionele intelligentie maakt ondernemers ook weerbaarder tegen stress, zegt Marianne. 'Stress door personeel of terugkerende lastige klanten bijvoorbeeld, die kun je in veel gevallen voorkomen door emotionele intelligentie. Want dat houdt onder andere in dat je goed kunt communiceren en onderhandelen.'

Volgens Marianne van der Wielen zijn de **positieve effecten van coaching ook blijvend merkbaar** bij ondernemers. 'Dat werd erg duidelijk tijdens de coronacrisis', zegt ze. 'We hebben het gemeten met wetenschappelijk gevalideerde stresstests. We hebben zo'n test voorgelegd aan klanten die half 2019 een coachtraject bij ons volgden: vóór de start van de coaching, onmiddellijk na afloop ervan, drie maanden later en nog eens zes maanden later. We wilden weten of hun stressbestendigheid op peil bleef, verbeterde of slechter werd.'

De laatste test viel midden in de lockdown. Maar zelfs toen bleken de resultaten erg goed, zegt Marianne. 'We zagen een directe verbetering na de coaching, en die verbetering nam steeds toe. Zelf tijdens de lockdown! De gedrevenheid van deze ondernemers steeg en hun risico op burn-out nam af. Ze hadden nog wel last van stress, maar voelden zich veel weerbaarder om ermee om te gaan. Hun veerkracht was beduidend toegenomen.'

2 BURN-OUT BIJ ZELFSTANDIGE ONDERNEMERS OVERWINNEN EN VOORKOMEN

Jij als zelfstandige ondernemer hebt een fantastische troef: je zit zelf in de cockpit. Je hangt van (bijna) niemand af, je bent vrij en ongebonden, en kiest voortdurend zelf welke richting je uitgaat. Bovendien ben je erin geslaagd om een eigen zaak of praktijk uit te bouwen die aansluit bij jouw talenten en interesses. Als zelfstandige moet je voortdurend bijleren en al je vaardigheden gebruiken om bij te blijven en opportuniteiten uit te bouwen. Fantastisch! Het geeft allemaal geweldig veel energie en voldoening.

Maar wat als je het gevoel hebt dat je vliegtuig zo snel vliegt dat je bang bent om plaats te nemen in die cockpit? Wat als je alles uit de kast moet halen om je passagiersvliegtuig in de lucht te houden, nu je niet meer met een klein sportvliegtuigje vliegt? Wat als het je veiliger en comfortabeler lijkt om in een passagierszetel te zitten en blind te vertrouwen op de automatische piloot?
De kwaliteiten en eigenschappen die je tot een succesvolle ondernemer maken, kunnen je ook in grote turbulentie brengen. Zoiets gebeurt meestal heel geleidelijk. Maar zodra je beseft dat je in die turbulentie zit en het liefst van al ver weg uit de cockpit blijft, durf je daarover misschien niet te praten. Misschien denk je dat je niet de indruk mag wekken dat je niet meer aan het stuur zit. Want er rekenen een heleboel mensen op jou: je klanten, je personeel, je aandeelhouders ... En ook je vrienden en familie hebben een hoop verwachtingen. Het vliegtuig verlaten, is geen optie. Zo lijkt het toch.

Overspannen zijn, het niet meer zien zitten, het gevoel hebben dat je het allemaal niet meer aankunt: het is misschien wel het grootste taboe bij ondernemers. Want een ondernemer, die doet altijd voort. De zaak moet draaien, de klanten moeten worden bediend, het personeel moet worden betaald en thuis moet er brood op de plank. Tot het écht niet meer gaat.

Burn-out – letterlijk: 'opgebrand' – komt heus niet alleen voor bij werknemers. Uit een onderzoek van Liantis bij 1.721 zelfstandige ondernemers in hoofdberoep blijkt dat 44 procent van de ondervraagden het moeilijk heeft met de hoge werkdruk. Zeven op de tien ondernemers stellen dat ze zelfs op vrije dagen het werk mentaal niet kunnen loslaten. Meer dan de helft zegt te weinig tijd te hebben voor het gezin. En ook: heel wat ondernemers zeggen dat ze na de werkuren simpelweg geen zin meer hebben om nog iets anders te doen.

Het feit dat ondernemers het werk moeilijk kunnen loslaten, veroorzaakt natuurlijk stress. Zo geeft 35 procent van alle zelfstandigen in hoofdberoep aan 'meestal tot altijd' last te hebben van stress of vermoeidheid. Meer nog: 30 procent van de zelfstandigen acht de kans groot om tegen een burn-out aan te lopen.[104]

WAT IS BURN-OUT EIGENLIJK?

Een burn-out ontstaat meestal door een lange periode van (toenemende) overbelasting en stress, waaraan je te weinig aandacht hebt besteed. Er is dan sprake van een langdurig **verstoorde energiebalans**, want het evenwicht tussen je draagkracht (wat je aankunt) en draaglast (wat je moet doen van jezelf of van een ander) is verstoord.[105]

Maar burn-out heeft niet alleen met **werk** te maken. Ook je **persoonlijkheid** speelt een rol. Perfectionisme, altijd voor iedereen klaar staan en een sterk verantwoordelijkheidsgevoel: het zijn mooie eigenschappen, maar ook ingrediënten van die gevaarlijke burn-outcocktail. Ook de **maatschappij** waarin we leven, vraagt veel van ons. We leggen de lat hoog: alles moet snel en efficiënt, het leven moet leuk zijn – vooral op sociale media – en we zijn staan altijd 'aan'. We combineren werk, studie, gezin, zorg, sport, hobby, vrienden, vrijwilligerswerk. We krijgen prikkels van overal, en het lijkt nooit op te houden.

WAT ZIJN DE SYMPTOMEN VAN EEN BURN-OUT?

Burn-out heeft altijd te maken met stress. Maar wanneer stress een probleem wordt, is voor iedereen anders. Want wat de een als stresserend ervaart, vindt een ander juist prettig. Sommige mensen komen net in hun element als ze het razend druk hebben. Maar als je slecht slaapt, erg prikkelbaar en gespannen bent, de neiging hebt om je terug te trekken, minder eetlust hebt, of net meer zin in zoet hebt, humeurig bent en doodmoe, dan is je grens bereikt. Te veel stress maakt een heleboel aandoeningen en kwalen erger, zoals hoofdpijn en migraine, buikpijn, rugklachten en fibromyalgie, een vorm van reuma. Ook kan stress eerder doorgemaakte psychische problemen opnieuw doen opflakkeren, zoals verslaving, angst en depressie.[106]

WAT DOE JE ALS ONDERNEMER BIJ EEN BURN-OUT?

Een burn-out is een ernstige aandoening. Het is dus ook belangrijk dat je de tijd neemt om te herstellen. Maar daar wringt de schoen bij de ondernemer: je hebt een zaak. Je kunt je het niet veroorloven om weken- of zelfs maandenlang niet te werken. Want niet werken, betekent geen inkomen. Weet dat je als zelfstandige ook recht hebt op een **arbeidsongeschiktheidsuitkering**. De enige voorwaarden zijn dat je aangifte doet, je sociale bijdragen betaald zijn en je ziekenfonds je arbeidsongeschiktheid erkent.[107] Vaak kun je ook – als de huisarts een gunstig advies geeft – deeltijds werken. Bij burn-out kan dat bijvoorbeeld in een latere fase, als je je werkzaamheden langzaamaan hervat. Je uitkering verlaagt dan ook wel. En vooral: zoek professionele hulp. Laat je begeleiden door een therapeut die gespecialiseerd is in burn-out. Je huisarts kan je doorverwijzen.

*Liantis biedt **coaching aan op maat van zelfstandige ondernemers met een burn-out**.[108] Dat maatwerk is belangrijk, want burn-out mag dan wel dezelfde symptomen hebben, de aanpak voor werknemers en zelfstandigen is helemaal anders. Werknemers kunnen het werk laten liggen of overlaten aan collega's. Ze krijgen alle tijd om te herstellen. Bij zelfstandigen is dat niet zo. Hun zaak is hun broodwinning. Ze moeten zo snel mogelijk weer aan de slag.*

Informatie vind je op www.burnouting.be. Je vindt er ook info over stress en burn-out, tips, getuigenissen, een webinar en een selfscan.

EINDNOTEN

1 Bloeise (2018, 14 november). Wat is een trend? Geraadpleegd van https://bloeise.nl/wat-is-een-trend/

2 Voogel, M. (2016, 10 oktober). Ontdek de trends in 2017. *Creativemv*. Geraadpleegd van https://creativemv.com/nl/ontdek-de-trends-in-2017/

3 Bloeise (2018, 14 november). De urgentie van trends. Geraadpleegd van https://bloeise.nl/wat-is-een-trend/

4 Kalloe, T. (2018, 2 oktober). Lifestyle en Maatschappij. We doen het zelf wel: lang leve de DIY-economie. *Moneyou*. Geraadpleegd van https://www.moneyou.nl/magazine/diy_economie

5 Van Wijnendaele, M. (2013, mei). Welkom in de netwerksamenleving. *Samenleving & Politiek*, 20 (5), 13-21. Geraadpleegd van https://www.sampol.be/2013/05/welkom-in-de-netwerksamenleving

6 Extend Limits. Trends per industrie. Trend: Totale transparantie. Geraadpleegd van https://www.extendlimits.nl/nl/trends/industrie/totale-transparantie

7 https://www.serv.be/serv/persberichten/werkbaar-werk-vlaanderen-onder-druk-vooral-werkstressklachten-zijn-oorzaak

8 Extend Limits. Trends per industrie. Trend: Dematerialisering. Geraadpleegd van https://www.extendlimits.nl/nl/trends/industrie/trend_dematerialisering

9 https://www.vraagvoordewetenschap.be/p/thema_detail?c=933

10 https://www.vrt.be/vrtnws/nl/2018/09/17/open-brief-laat-economische-groei-los/

11 Noels, G. (2019). *Gigantisme*. Lannoo: Tielt

12 *Trends* (2019, 7 maart). De globalisering wankelt. Geraadpleegd van https://trends.knack.be/economie/bedrijven/de-globalisering-wankelt/article-longread-1437515.html

13 *Knack* (2014, 12 november). Is het einde van globalisering in zicht? Geraadpleegd van https://www.knack.be/nieuws/wereld/is-het-einde-van-globalisering-in-zicht/article-normal-510307.html

14 Calluy, K. & De Graeve, R. (2018, 22 februari). In 2070 zijn we al met 13,4 miljoen Belgen en het aantal singles blijft fors stijgen. *VRT NWS*. Geraadpleegd van https://www.vrt.be/vrtnws/nl/2018/02/22/in-2070-zijn-we-al-met-13-4-miljoen-en-mannen-en-vrouwen-worden-/

15 Stegeman, H. e.a. (2016, 31 maart). Rabore-search-Economisch Onderzoek. Megatrend 1 - Demografie: groeiend, vergrijzend en samenscholend. *Rabobank*. Geraadpleegd van https://economie.rabobank.com/publicaties/2016/maart/megatrend-1---demografie-groeiend-vergrijzend-en-samenscholend/

16 Wikikids. Duurzaamheid. Geraadpleegd van https://wikikids.nl/Duurzaamheid

17 H.R. (2019, 13 november). Economische experten voorspellen 10 trends voor het nieuwe decennium vanaf 2020. *HLN*. Geraadpleegd van https://www.hln.be/geld/economie/economische-experten-voorspellen-10-trends-voor-het-nieuwe-decennium-vanaf-2020-acad8766/

18 Mediawijsheid.nl. (2019). De toekomst - internet of things. Geraadpleegd van https://www.mediawijsheid.nl/internetofthings/

19 Marketingtribune. [column] Merkdisruptie megatrend (11): acceleratie. Geraadpleegd van https://www.marketingtribune.nl/algemeen/weblog/2019/09/merkdisruptie-megatrend-(11)-acceleratie/index.xml

20 Van Thilborgh, B. (2018, 11 februari). Versnelling en vertraging: trends die ook 2018 zullen domineren. Future Proved Trendwatchers. Geraadpleegd van http://futureproved.be/versnelling-en-vertraging-trends-die-ook-2018-zullen-domineren/

21 Nyenrode Business Universiteit (2019, 17 juli). Kansen benutten in een complexe wereld. Geraadpleegd van https://www.nyenrode.nl/nieuws/n/kansen-benutten-complexe-wereld

22 Oomes, M., Bosman, E., & Langera, N. (2014, januari). *Trends in de samenleving. Ontwikkelingen op het gebied van demografie, economie, media en informatie binnen het sociaal-culturele domein*. Den Haag: Sectorinstituut Openbare Bibliotheken. Geraadpleegd van https://www.kb.nl/sites/default/files/trends-in-de-samenleving-2.pdf

23 Wetenschappelijke Raad voor het Regeringsbeleid (WRR) (2013). *Naar een lerende economie. Investeren in het verdienvermogen van Nederland*. Den Haag: Amsterdam University Press.

24 SERV (2019, 23 maart). Circulair moet het nieuwe normaal worden. Geraadpleegd van https://www.serv.be/serv/persberichten/circulair-moet-nieuwe-normaal-worden

25 https://www.waregembusinesspark.be

26 Energids.be (2020). Wat is een smart grid? Geraadpleegd van https://www.energids.be/nl/vraag-antwoord/wat-is-een-smart-grid/1581/

27 Plastic Soup Foundation. Wat doen we met plastic afval? Geraadpleegd van https://www.plasticsoupfoundation.org/dossiers/wat-kunnen-we-met-plastic-afval-doen/

28 Volgens een studie van de universiteit van Newcastle in Australië, in opdracht van het WWF in: LLA (2019, 12 juni). Gemiddeld eten we 1 bankkaart aan plastic per week. *Nieuwsblad*. Geraadpleegd van https://www.nieuwsblad.be/cnt/dmf20190612_04455088

29 N.D. (2017, 22 november). Geen zakjes meer: in Carrefour mag je met eigen potjes en doosjes aanschuiven. *HLN*. Geraadpleegd van https://www.hln.be/nina/nina-kookt/geen-zakjes-meer-in-carrefour-mag-je-met-eigen-potjes-en-doosjes-aanschuiven-a6dee5b5/

30 De Schamphelaere, J. (2017, 15 december). Vanaf 2019 alle plastic in de blauwe zak. *De Tijd*. Geraadpleegd van https://www.tijd.be/ondernemen/algemeen/vanaf-2019-alle-plastic-in-de-blauwe-zak/9963336.html

31 Ovam (2019, 17 december). Zo redt u als bedrijf materialen in drie stappen. Geraadpleegd van https://www.ovam.be/zo-redt-u-als-bedrijf-materialen-in-drie-stappen

32 UNIZO (2019). *Freelancer Focus 2019*. Geraadpleegd van https://www.unizo.be/sites/default/files/uzo-8788-freelance-focusrapport-2019-online.pdf

33 Wikipedia. Freelance. Geraadpleegd van https://nl.wikipedia.org/wiki/Freelance#Geschiedenis

34 UNIZO (2019). *Freelancer Focus 2019*. Geraadpleegd van https://www.unizo.be/sites/default/files/uzo-8788-freelance-focusrapport-2019-online.pdf

35 Bouwunie (2019, 12 oktober). Meer flexibiliteit en overuren om groot aantal bouwvacatures op te vangen. Geraadpleegd van https://www.bouwunie.be/nl/news/freelancers-en-meer-overuren

36 Franchise België. Wat is franchise. Geraadpleegd van https://www.franchise.be/wat-is-franchise-of-franchising/

37 SERV (2019, 23 maart). Circulair moet het nieuwe normaal worden. Geraadpleegd van https://www.serv.be/serv/persberichten/circulair-moet-nieuwe-normaal-worden

38 Ewalt, D.M. (2019, 23 oktober). Reuters top 100. The World's Most Innovative Universities 2019. *Reuters*. Geraadpleegd van https://www.reuters.com/innovative-universities-2019

39 Vlaanderen, Agentschap innoveren en ondernemen, Clusterorganistaties. Geraadpleegd op 31 oktober 2019 van https://www.vlaio.be/nl/clusterorganisaties/het-clusterbeleid/het-vlaamse-clusterbeleid

40 https://www.vlaio.be/nl/subsidies-financiering

41 Lencioni, P. (2009). *De 5 frustraties van teamwork. Hoe je ervoor zorgt dat het samenwerken leuk blijft*. Business Contact.

42 https://www.liantis.be/nl/opleiding/individuele-coaching

43 https://www.ubabelgium.be/nl/news-insights/detail/2019/02/04/Digital-Report-2019-de-cijfers-voor-Belgi

44 Comeos (2019). *E-commerce Belgium 2019*. Geraadpleegd van https://www.comeos.be/pressrelease/280155/Consumenten-bereid-te-wachten-op-hun-online-bestelling

45 B. (2020, 8 juni). Bioproducten zitten in de lift. *Het Nieuwsblad*. Geraadpleegd van https://www.nieuwsblad.be/cnt/dmf20200608_04984831

46 Belga, (2018, 12 november). Slechts helft studenten haalt binnen vijf jaar bachelordiploma. *Het Laatste Nieuws*. Geraadpleegd van https://www.hln.be/nieuws/binnenland/onderwijs/slechts-helft-studenten-haalt-binnen-vijf-jaar-bachelordiploma-aecc2183/

47 Renson, I. (2020, 4 april). Het slagveld op school. 'Dit wordt de coronageneratie. Meer jongeren zullen eindigen zonder diploma'. *De Standaard*. Geraadpleegd van https://www.standaard.be/cnt/dmf20200402_04911155

48 Lesaffer, P. (2020, 23 maart). Deel studenten verpleegkunde kan niet afstuderen: geen stage, geen diploma. *Gazet van Antwerpen*. Geraadpleegd van https://www.gva.be/cnt/dmf20200322_04898599/deel-studenten-verpleegkunde-kan-niet-afstuderen-geen-stage-geen-diploma

49 Van Garsse, S. (2019, 17 januari). De Brusselse arbeidsmarkt: 'Samenwerken is in ieders belang'. *Bruzz*. Geraadpleegd van https://www.bruzz.be/analyse/de-brusselse-arbeidsmarkt-samenwerken-ieders-belang-2019-01-17

50 Randstad (2017, 16 augustus). België trekt relatief weinig hoogopgeleide migranten aan. Geraadpleegd van https://www.randstad.be/nl/over-randstad/persberichten/detail/s/news/d8c75c76-72f1-46c2-82df-9b5101723289/Belgie-trekt-relatief-weinig-hoogopgeleide-migranten-aan

51 Theunissen, G., Vansteenkiste, S., & Sels, L. (2018, 1 maart). Leidt de hoge vervangingsvraag van 50-plussers tot een structurele krapte op de arbeidsmarkt? *Werk. Focus. Steunpunt Werk*. Geraadpleegd van https://www.steunpuntwerk.be/node/3744

52 Stevens, G. (2018, 6 april). Wetenschappers luiden alarmbel: lage rugpijn wordt overal verkeerd behandeld. *Het Nieuwsblad*.

53 Vogels, L. (2016, 14 maart). Aan de slag met employer branding. *Smart Business*. Geraadpleegd van https://www.smartbiz.be/nieuws/166238/het-belang-van-employer-branding/

54 Logos (2019). Werving & Selectie. Nieuwe medewerkers aanwerven. De geknipte vacature. Geraadpleegd van https://www.logosinform.be/nl/werving-selectie

55 Europese Unie (2019). Onderwijs- en opleidingsmonitor 2019, België. Geraadpleegd op https://ec.europa.eu/education/sites/education/files/document-library-docs/et-monitor-report-2019-belgium_nl.pdf

56 https://www.liantis.be/nl/welzijn-op-het-werk

57 Lythgoe, S. De voordelen van diversiteit op de werkvloer. *VOLT*. Geraadpleegd van https://www.volt.eu.com/nl/blog/2019/06/de-voordelen-van-diversiteit-op-de-werkvloer

58 Randstad. 5 voordelen van meer diversiteit in je organisatie. Geraadpleegd van https://www.randstad.nl/werkgevers/kenniscentrum/duurzaamheid/5-voordelen-van-meer-diversiteit-in-uw-organisatie

59 Departement Werk en Sociale Economie van de Vlaamse Overheid, www.vlaanderen.be/doelgroepverminderingen

60 https://www.vlaanderen.be/vlaamse-ondersteuningspremie

61 Departement Werk en Sociale Economie van de Vlaamse Overheid, www.vlaanderen.be/doelgroepverminderingen

62 Happywork (loopbaan)coaching voor HSP. Loopbaanbegeleiding voor 50-plussers: zinvol of niet? https://www.happywork.be/loopbaanbegeleiding-voor-50-plussers-zinvol-of-niet/

63 World Economic Forum (2018). *The Future of Jobs Report 2018*. Geraadpleegd van http://www3.weforum.org/docs/WEF_Future_of_Jobs_2018.pdf

64 Randstad (2019). Robotisering: een kans of bedreiging. Geraadpleegd van https://www.randstad.nl/werknemers/blog/robotisering

65 SPK (2019, 4 april). Files kosten gemiddeld Belgisch gezin al 1.151 euro per jaar. *HLN*. Geraadpleegd van https://www.hln.be/nieuws/binnenland/files-kosten-gemiddeld-belgisch-gezin-al-1-151-euro-per-jaar-a9af2751/

66 M.R. (2018, 28 september). Hoelang is de Belg onderweg van en naar zijn werk? *Jobat*. Geraadpleegd van https://www.jobat.be/nl/art/hoe-lang-is-de-belg-onderweg-van-en-naar-zijn-werk

67 Beeckman, H. (2019, 20 december). Minder files op Belgische snelwegen in 2019. Maar hoe zit het met files op kleinere wegen en met sluipverkeer? *VRT NWS*. Geraadpleegd van https://www.vrt.be/vrtnws/nl/2019/12/19/2019-minder-files-op-de-belgische-snelwegen-maar-meer-op-de-ge/

68 De Roo, M. (2020, 16 juli). De race naar de fiets, *De Tijd*.

69 Mobilit.belgium.be (2019, 11 februari). MaaS – Mobility as a Service – als pijler voor een duurzame mobiliteit. Geraadpleegd van https://mobilit.belgium.be/nl/nieuws/nieuwsberichten/2019/maas_mobility_service_als_pijler_voor_een_duurzame_mobiliteit

70 https://www.olympus-mobility.be

71 Jv (2018, 5 oktober). 'Netflix van de Mobiliteit' komt naar Antwerpen: Whim biedt abonnement voor verschillende vervoersmiddelen. *HLN.be*. Geraadpleegd op https://www.hln.be/nieuws/binnenland/-netflix-van-de-mobiliteit-komt-naar-antwerpen-whim-biedt-abonnement-voor-verschillende-vervoersmiddelen-aee1784f/

72 https://www.slimnaarantwerpen.be/nl/werkgevers

73 Gent. SPITS. Centrum voor een toekomstgerichte mobiliteitsaanpak en ondersteuning van bedrijven in de Zuidelijke Mozaïek van Gent. Geraadpleegd van: https://stad.gent/nl/mobiliteit-openbare-werken/mobiliteit/plannen-projecten-subsidies-cijfers-scholenwerking/spits

74 Huyghebaert, P., Beeckman, H., & Van Den Heuvel, R. (2018, 26 november). De zelfrijdende auto: hoelang duurt het nog vooraleer we het stuur letterlijk uit handen geven? *VRT NWS*. Geraadpleegd van https://www.vrt.be/vrtnws/nl/2018/11/02/zelfrijdende-auto-dag-1/

75 Huyghebaert, P., Beeckman, H., & Van Den Heuvel, R. (2018, 28 november). De zelfrijdende auto: dé oplossing voor alle files? En hoeveel jobs gaan erdoor verloren? *VRT NWS*. Geraadpleegd van https://www.vrt.be/vrtnws/nl/2018/11/02/zelfrijdende-auto-dag-3/

76 Scholiers, W. (2019, 20 augustus). Binnenkort zelfrijdende bus 'EZ10' op je universiteitscampus. *Smart Business*. Geraadpleegd van https://www.smartbiz.be/nieuws/179939/zelfrijdende-bus-ez10-universiteit/

77 Brussels Airport (2019, 13 mei). Zelfrijdende shuttlebus rijdt voor het eerst op Brussels Airport. Geraadpleegd van https://www.brusselsairport.be/pressroom/zelfrijdende-shuttlebus-rijdt-voor-het-eerst-op-brussels-airport/

78 Leefmilieu brussel.brussels (2019, 6 december). De uitstoot van broeikasgassen in het Brussels Hoofdstedelijk Gewest. Geraadpleegd van https://leefmilieu.brussels/themas/lucht-klimaat/klimaat/de-uitstoot-van-broeikas gassen-het-brussels-hoofdstedelijk-gewest

79 SZM (2019,10 mei). Urbike is ervan overtuigd: 'Leveringen met fietsen en aanhangwagens zijn de toekomst'. *HLN.be*. Geraadpleegd van https://www.hln.be/in-de-buurt/brussel/urbike-is-ervan-overtuigd-leveringen-met-fietsen-en-aanhangwagens-zijn-de-toekomst-a6dcd9be/

80 De Vlaamse Waterweg nv (2018). Steunmaatregelen - Publiek-Private Samenwerking kaaimuren. Geraadpleegd van https://www.vlaamsewaterweg.be/ppskaaimuren

81 Telewerken. Wat is telewerken? Geraadpleegd van https://www.telewerken.be/definitie/

82 Telewerken. Context. Geraadpleegd van https://www.telewerken.be/context/

83 https://www.officeonwheels.be/

84 Mobiliteitsbudget. Wat zijn de basisprincipes van het mobiliteitsbudget? Geraadpleegd van https://mobiliteitsbudget.be/nl/1-wat-zijn-de-basisprincipes-van-het-mobiliteitsbudget

85 Marghadi, M. (2020, 23 april). Milaan grijpt coronacrisis aan om van autoparadijs een fietsstad te maken. *NOS NIEUWS*. Geraadpleegd van https://nos.nl/collectie/13841/artikel/2331437-milaan-grijpt-coronacrisis-aan-om-van-autoparadijs-een-fietsstad-te-maken

86 Renson, I. (2020, 29 juni). Hoe Hidalgo van Parijs een stad op mensenmaat wil maken. *De Standaard*. Geraadpleegd van https://www.standaard.be/cnt/dmf20200628_05003852

87 B.I. (2020, 29 april). 40 kilometer extra fietspaden in Brussel voor woon-werkverkeer. *De Morgen*. Geraadpleegd van https://www.demorgen.be/nieuws/40-kilometer-extra-fietspaden-in-brussel-voor-woon-werkverkeer-bb91135b/

88 Vlaanderen. Te voet, fiets, bromfiets. Fietssnelwegen in Vlaanderen. Geraadpleegd van https://www.vlaanderen.be/fietssnelwegen-in-vlaanderen

89 Fietsersbond. Geraadpleegd van https://www.fietsersbond.be/fietsstraten

90 Bike to Work. 7-stappenplan voor een succesvol fiets-actieplan. Geraadpleegd van http://www.btmvlaanderen.be/sites/default/files/biketowork_ebook.pdf

91 Verberckmoes, Y. (2019, 11 juni). Nieuwe evaluatie: circulatieplan heeft positieve impact op Gentse winkels. *De Morgen*. Geraadpleegd van https://www.demorgen.be/nieuws/nieuwe-evaluatie-circulatieplan-heeft-positieve-impact-op-gentse-winkels~b21ab02f/

92 Dat blijkt uit een onderzoek van Liantis in samenwerking met iVox bij 1.721 zelfstandige ondernemers in hoofdberoep. Geraadpleegd van https://www.unizo.be/nieuws-pers/unizo-liantis-en-integraal-starten-burn-out-preventie-project-voor-zelfstandigen

93 https://www.serv.be/serv/persberichten/werkbaar-werk-vlaanderen-onder-druk-vooral-werkstressklachten-zijn-oorzaak

94 Psyned Psychologen Nederland. De relatie tussen burn-out en perfectionisme. Geraadpleegd van https://www.psyned.nl/burnout/burn-out-voorkomen/de-relatie-tussen-burn-out-en-perfectionisme

95 https://nl.wikipedia.org/wiki/J.K._Rowling

96 https://www.princeton.edu/-joha/Johannes_Haushofer_CV_of_Failures.pdf

97 https://fuckupnights.com

98 Penne, K. & Bourdeaud'hui, R. (2019). *De competentieportfolio van de Vlaamse zelfstandige ondernemer. Analyse op basis van de Vlaamse werkbaarheidsmonitor 2007-2016*. Brussel: SERV-Stichting Innovatie & Arbeid.

99 Lamberts, M. & Neyens, I. (2018). Welzijn en welbevinden van bedrijfsleiders van zeer kleine ondernemingen (ZKO's) in België. Geraadpleegd van http://www.werk.belgie.be/WorkArea/DownloadAsset.aspx?id=48038

100 D'Hoore, J. (2019, 3 mei). Belgische zelfstandigen kloppen meeste werkuren. *De Tijd*. Geraadpleegd van https://www.tijd.be/politiek-economie/belgie/economie/belgische-zelfstandigen-kloppen-meeste-werkuren/10123091.html

101 Liantis (2019). *Het Grote Zelfstandigenonderzoek*.

102 https://www.unizo.be/stel-jouw-vraag-aan-de-unizo-ondernemerslijn

103 https://www.liantis.be/nl/opleiding/individuele-coaching

104 Liantis. Persbericht. Liantis, UNIZO en Integraal starten burn-out-preventieproject zelfstandigen. Geraadpleegd van https://www.liantis.be/nl/nieuws/burn-out-project-zelfstandigen

105 Instatera. Betekenis burn-out. Geraadpleegd van https://www.burnout.expert/betekenis-burn-out/

106 UZA (2018, 5 oktober). Chronische stress is niet onschuldig. Geraadpleegd van https://www.uza.be/chronische-stress-niet-onschuldig

107 https://blog.liantis.be/nl/ik-ben-zelfstandige/arbeidsongeschikt-burn-out-zelfstandige-uitkering

108 Dit initiatief van UNIZO, Liantis en Integraal om te focussen op stress- en burn-outbestrijding en -preventie specifiek voor zelfstandigen kreeg de steun van de FOD Sociale Zekerheid.